Cecilia Hanselmann

# SELBST GENÄHTES
## für kleine Abenteurer

Outdoor-Mode
aus Jersey, Softshell & Co.

in Größe
98–128

98 – 104
110 – 116
122 – 128

# Inhalt

Für alle Modelle gibt es jeweils Schnittmuster in den Größen 98/104, 110/116 und 122/128.

★☆☆☆ = für Anfänger
★★☆☆ = für Anfänger, aber etwas kniffliger
★★★☆ = für Fortgeschrittene
★★★★ = für Nähprofis

# Nähen Sie am liebsten für Kinder?

Dann hat dieses Buch jede Menge tolle Ideen für Sie parat!
Als zweifache Mama weiß ich Bescheid: Bequem und cool, fröhlich und modisch, so soll Kindermode sein! Und am besten natürlich individuell selbst genäht. Das ist gar nicht schwer. Dank vielen Schritt-für-Schritt-Fotos können auch Anfänger mitnähen. Von der unkomplizierten Leggings bis zur kniffligeren Softshelljacke: Für jeden ist etwas dabei. Lassen Sie sich inspirieren von vielen tollen Stoffen und Schnitten und kreieren Sie eine ganz eigene Kollektion.

Haben Sie einen Plotter? Ich habe meinen selbstgenähten Werken noch einen ganz besonderen Touch gegeben mit den drei exklusiv für dieses Buch entworfenen Designs von Jolijou!
Ich wünsche Ihnen tolle Stunden beim Nähen und denen, die die Werke tragen dürfen, viel Spaß dabei!

Herzlich

Cecilia Hanselmann

# Ein kleiner Blick in meine Welt

Schon von klein auf war ich fasziniert von Handarbeiten und bereits als Teeny nähte ich erste eigene Kleidungsstücke. Daraus wurde allmählich eine wahre Leidenschaft, sodass es nur logisch war, nach dem Abitur dieses Hobby zu meinem Beruf zu machen und eine Lehre im klassischen Damenschneiderinnenhandwerk zu absolvieren. Doch eigentlich wollte ich keine gediegenen Chanelkostüme und Schluppenblusen nähen, denn mein Hobby war es nach wie vor nicht, nur Alltagskleidung, Handtaschen und Accessoires für mich zu nähen, sondern auch aufwendige, historische Kostüme. In einer renommierten Werkstatt hatte ich dann die Gelegenheit, auch diese Facette zu perfektionieren, bevor ich schließlich in Stuttgart auf der Meisterschule meine Ausbildung abschloss und mich 2008 selbstständig machte.

Das Nähen von historischen Kostümen – sowohl für Privatkunden als auch für Museen und TV – war mir aber immer noch nicht genug und als ich 2011 die Chance bekam, an einem Buch des Christophorus Verlags mitzuwirken, war ich Feuer und Flamme! Seitdem sind viele, viele Bücher dazugekommen und ich freue mich immer wieder, neue Ideen zu entwickeln, herumzutüfteln, Materialien ausprobieren und mich kreativ austoben zu dürfen.

Ich lebe mit meinem Mann und zwei kleinen Kindern
in Freiburg im Breisgau, wo ich auch in meiner kleinen Nähecke arbeite.

*www.ceciliahanselmann.com*
*https://www.instagram.com/mmedujard/*

# Raglanpulli

Schwierigkeit: ✪✪✪✪ • Schnittteile 28 bis 30 auf Bogen B

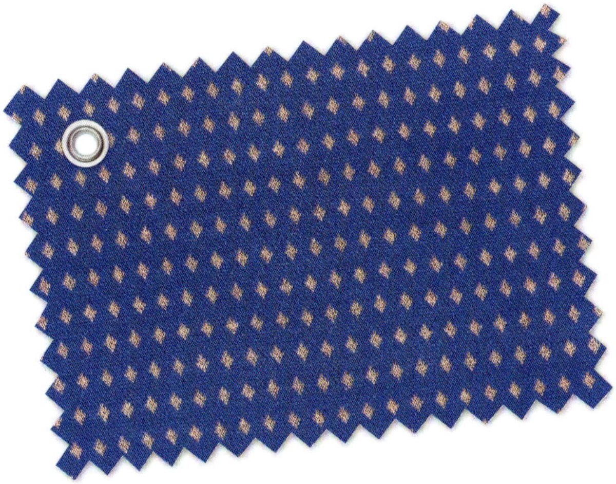

## Material

• 90/95/100 cm Baumwollstrick-Jacquard mit Muster in Dunkelblau, 140 cm breit

## Zuschneiden

Geben Sie an den Saumkanten 2,5 cm und an allen anderen Kanten 1 cm Nahtzugabe hinzu. Schneiden Sie die Teile so zu, wie auf dem Zuschneideplan zu sehen.

**Feinstrick:**

- 1-mal Schnittteil 28 im Stoffbruch (Vorderteil)
- 1-mal Schnittteil 29 im Stoffbruch (Rückenteil)
- 2-mal Schnittteil 30 (Ärmel)
- 1 Streifen à 7 x 37/39/41 cm (Halsbündchen)

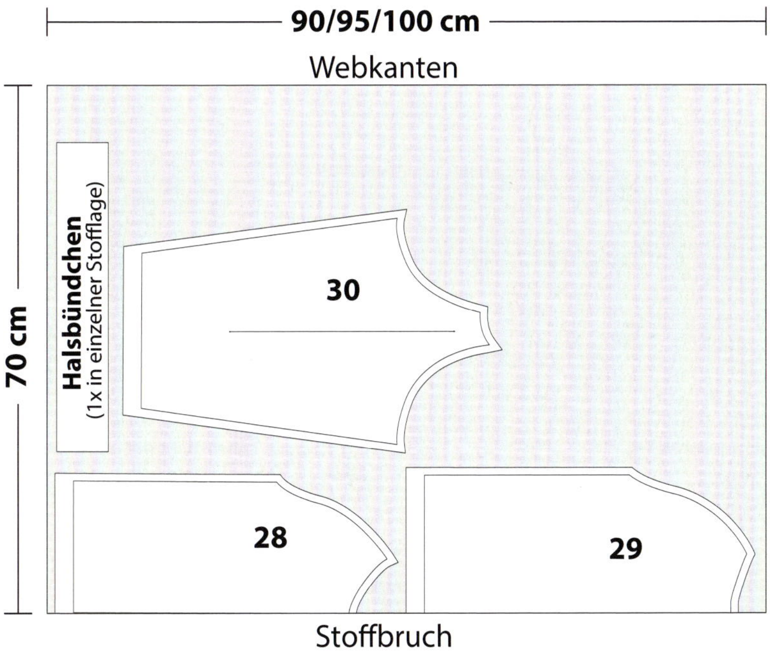

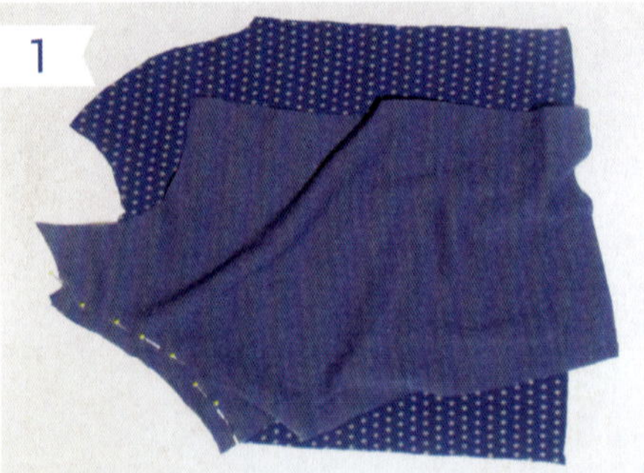

# Nähen

**Hinweis:** Alle Nähte müssen mit einem elastischen Stich genäht werden (z. B. mit einem schmalen Zickzackstich: Stichlänge 3, Stichbreite 1). Verwenden Sie eine Jerseynadel.
Feinstrick muss versäubert werden, da er Laufmaschen bilden kann. Verwenden Sie dazu einen breiten Zickzackstich (Stichlänge 4, Stichbreite 4) oder den Overlockstich Ihrer Nähmaschine. Falls Sie eine Overlockmaschine zur Verfügung haben, sollten Sie das Material mit dieser Maschine verarbeiten.

1 Legen Sie die Ärmelzuschnitte jeweils rechts auf rechts so auf das Vorderteil, dass die Kanten der Raglannähte bündig liegen. Beachten Sie dabei die Beschriftung im Schnittmuster für die vordere und hintere Ärmelkante. Stecken und nähen Sie die Teile aneinander. 1 + 2

2 Nun nähen Sie die Ärmel entsprechend an das Rückenteil, indem Sie auch hier die Raglannähte rechts auf rechts schließen. 3 + 4

3 Falten Sie den Pullover so, dass Vorder- und Rückenteil rechts auf rechts bündig aufeinanderliegen und die Ärmel zur Hälfte gefaltet sind. Nähen Sie fortlaufend die Ärmel- und Seitennähte, wie auf Seite 108 beschrieben. 5

4 Falten Sie das Halsbündchen so links auf links, dass die Längskanten aufeinanderliegen, und bügeln Sie einen mittigen Bruch hinein.
Falten Sie das Bündchen wieder auseinander und dann der Breite nach rechts auf rechts, sodass die Schmalseiten aufeinanderliegen, und nähen Sie es zum Ring zusammen.

5 Nähen Sie das Halsbündchen an den Halsausschnitt, wie auf Seite 106 beschrieben.
Bügeln Sie die Nahtzugaben des Bündchens vom Bündchen weg. Nähen Sie die Nahtzugaben mit einem elastischen Geradstich (z. B. mit der Zwillingsnadel) von der rechten Seite aus knappkantig fest. Achten Sie bei der Verwendung einer Zwillingsnadel darauf, dass die Sticheinstellung wieder auf Geradstich eingestellt ist. Ist noch der Zickzackstich eingestellt, kann die Zwillingsnadel brechen. 6

6 Nähen Sie den unteren Saum und die Ärmelsäume, wie auf Seite 108 beschrieben.

# Rollkragenkleid

Schwierigkeit: ✪✪✪✪ • Schnittteile 12 bis 14 auf Bogen B und Schnittteil 3 auf Bogen A

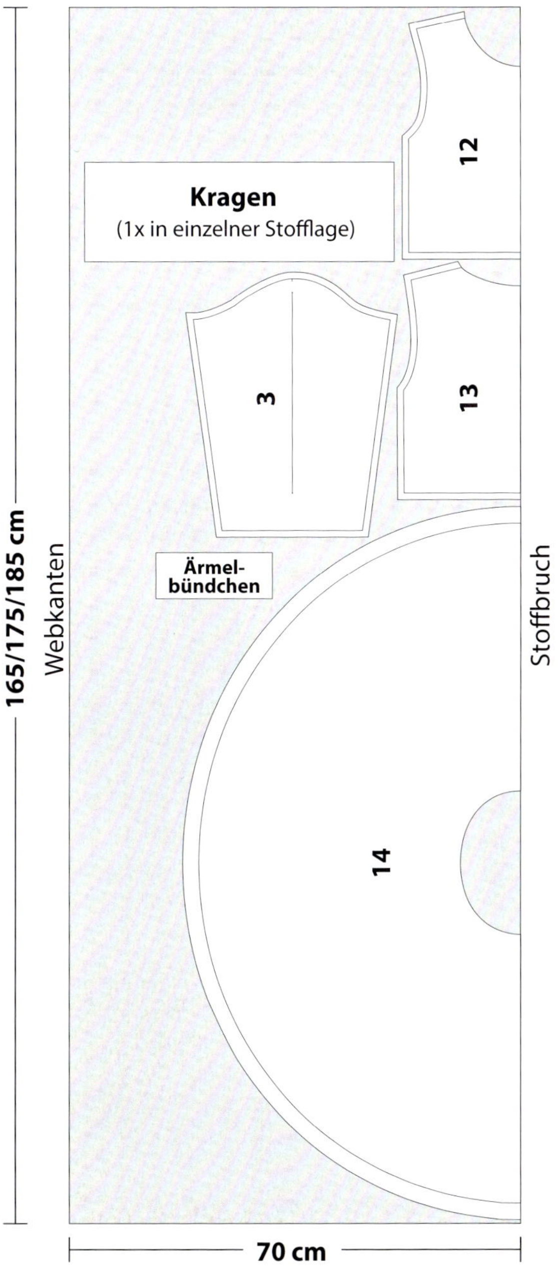

## Material

• 165/175/185 cm Sommersweat in Puder mit großen Punkten, 140 cm breit

## Zuschneiden

Geben Sie **keine** Nahtzugabe am Halsausschnitt dazu. An den Saumkanten des Rockteils geben Sie 2,5 cm und an allen anderen Kanten 1 cm Nahtzugabe hinzu. Falten Sie ein 55 x 110 cm großes Stück Schnittmusterpapier zur Hälfte (= 55 x 55 cm). Legen Sie das Papier so auf den Schnittmusterbogen, dass die Faltkante des Papiers an der entsprechend beschrifteten Kante des Schnittmusters liegt. Zeichnen Sie das Rockteil ab und schneiden Sie das Schnittteil aus dem noch gefalteten Papier. So erhalten Sie einen „Halbkreis". Schneiden Sie die Teile so zu, wie auf dem Zuschneideplan zu sehen.

Sommersweat:

- 1-mal Schnittteil 12 im Stoffbruch (Vorderteil)
- 1-mal Schnittteil 13 im Stoffbruch (Rückenteil)
- 2-mal Schnittteil 3 (Ärmel)
- 1 Streifen à 13 x 44 cm/14 x 46 cm/15 x 48 cm (Kragen)
- 2 Streifen à 7 x 16/17/18 cm (Ärmelbündchen)
- 1-mal Schnittteil 14 im Stoffbruch (Rockteil)

# Nähen

**Hinweis:** Alle Nähte müssen mit einem elastischen Stich genäht werden (z. B. mit einem schmalen Zickzackstich: Stichlänge 3, Stichbreite 1). Verwenden Sie eine Jerseynadel.

1 Legen Sie Vorder- und Rückenteil an den Schultern rechts auf rechts bündig aufeinander und nähen Sie dann die Schulternähte.

2 Stecken Sie die Ärmel rechts auf rechts an die Armausschnitte – dabei liegt jeweils die Schultermarkierung auf der Schulternaht – und nähen Sie die Ärmel ein, wie auf Seite 108 beschrieben.

3 Falten Sie das Kleid so, dass Vorder- und Rückenteil rechts auf rechts bündig aufeinanderliegen und die Ärmel zur Hälfte gefaltet sind. Nähen Sie jeweils fortlaufend die Ärmel- und Seitennaht zusammen, siehe Seite 108.

4 Falten Sie den Kragen so links auf links, dass die Längskanten aufeinanderliegen, und bügeln Sie einen mittigen Bruch hinein. Falten Sie den Kragen wieder auseinander und dann der Breite nach rechts auf rechts, sodass die Schmalseiten aufeinanderliegen. Nähen Sie ihn zum Ring zusammen. Nähen Sie den Kragen wie ein Bündchen an den Halsausschnitt. Eine genaue Beschreibung dazu finden Sie auf Seite 106.

5 Falten Sie die Ärmelbündchen so links auf links, dass die Längskanten aufeinanderliegen, und bügeln Sie jeweils einen mittigen Bruch hinein.
Falten Sie die Bündchen wieder auseinander und dann jeweils der Breite nach rechts auf rechts, sodass die Schmalseiten aufeinanderliegen. Nähen Sie die Bündchen jeweils an den Schmalseiten zum Ring zusammen.
Nähen Sie dann die Ärmelbündchen an die Unterkanten der Ärmel, wie auf Seite 106 beschrieben.

6 Das Rockteil des Kleides hat keine Nähte, es ist ein am Stück ausgeschnittener Tellerrock. Ziehen Sie den oberen Teil des Kleids auf rechts. Schieben Sie das Rockteil rechts auf rechts über das Oberteil und stecken Sie die Teile aneinander. Achten Sie darauf, dass die vordere und hintere Mitte jeweils bündig aufeinanderliegen. Nähen Sie die Verbindungsnaht zwischen Oberteil und Rockteil. 1 + 2

7 Nähen Sie den Saum, wie auf Seite 108 beschrieben.

1

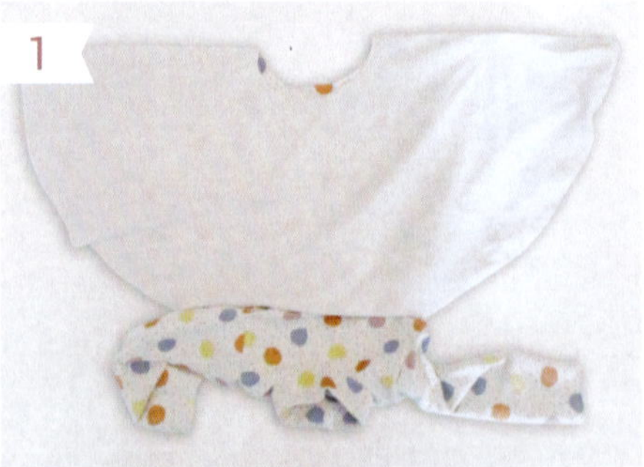

2

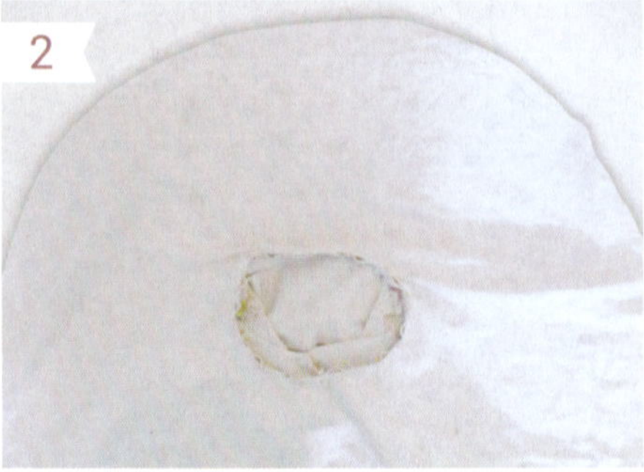

# Sarouelhose

Schwierigkeit: ✪✪✪✪ • Schnittteil 45 auf Bogen B

## Material

- 115/120/125 cm Baumwolljersey in Senfgelb mit Zickzack-Motiven, 140 cm breit
- 45 cm Bündchenware (Schlauchware) in Schwarz, 90 cm breit (aufgeschnitten)

## Zuschneiden

Geben Sie an allen Kanten 1 cm Nahtzugabe hinzu. Schneiden Sie die Teile so zu, wie auf den Zuschneideplänen zu sehen.

**Baumwolljersey:**

- 2-mal Schnittteil 45 im Stoffbruch (Vorder- und Rückenteil)

**Bündchenware in Schwarz**

- 1 Streifen à 20 x 45/47/49 cm (Taillenbund)
- 2 Streifen à 21 x 20/21/22 cm (Knöchelbündchen)

**Baumwolljersey**

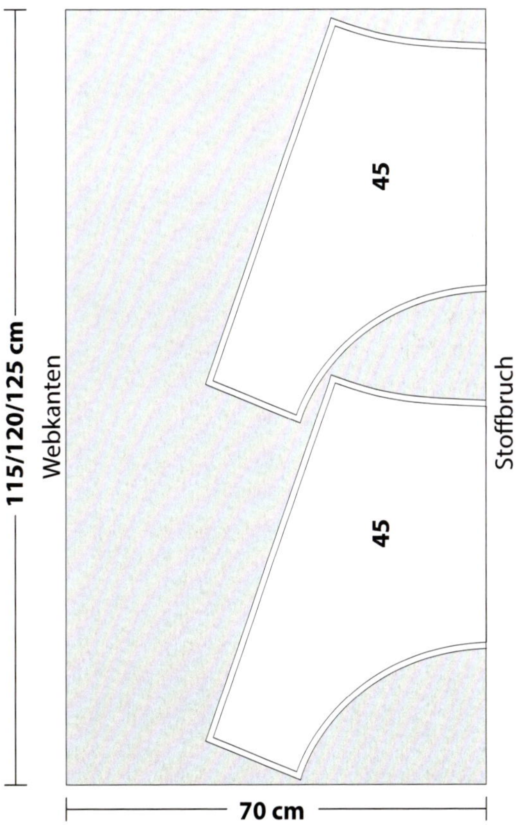


**Bündchen**

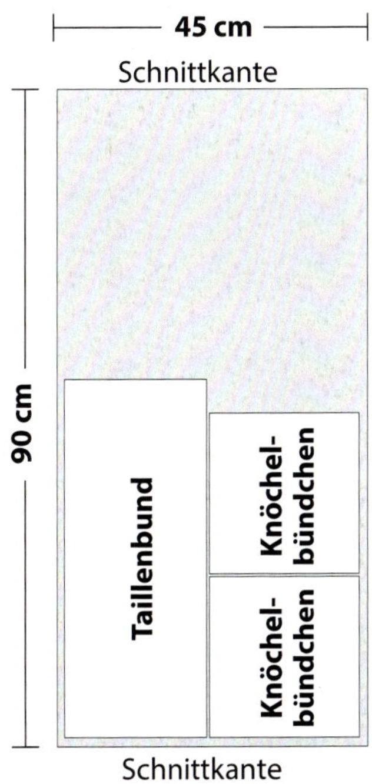

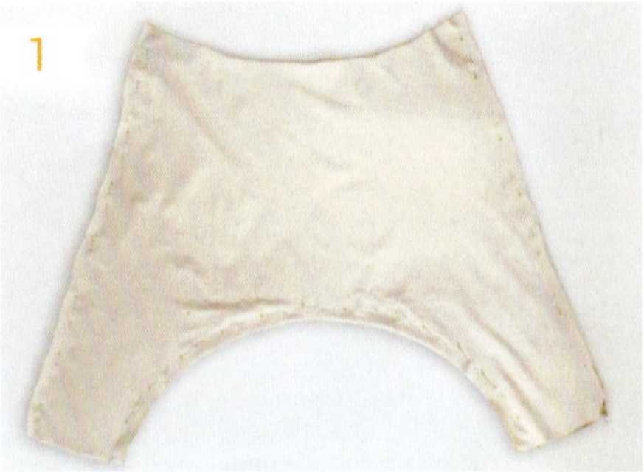
1

# Nähen

**Hinweis:** Alle Nähte müssen mit einem elastischen Stich genäht werden (z. B. mit einem schmalen Zickzackstich: Stichlänge 3, Stichbreite 1). Verwenden Sie eine Jerseynadel.

1 Legen Sie die beiden Hosenzuschnitte rechts auf rechts aufeinander, stecken Sie die Seitennähte und die Schrittnaht aufeinander und schließen Sie die Nähte. 1

2 Falten Sie die Bündchen so links auf links, dass die Längskanten aufeinanderliegen, und bügeln Sie jeweils einen mittigen Bruch hinein.
Falten Sie die Bündchen wieder auseinander und dann jeweils der Breite nach rechts auf rechts, sodass die Schmalseiten aufeinanderliegen. Nähen Sie die Bündchen jeweils zu Ringen zusammen.

3 Nähen Sie das Taillenbündchen an die Oberkante, wie auf Seite 106 beschrieben.

4 Nähen Sie die Knöchelbündchen an die Hosenbeine, wie auf Seite 106 beschrieben.

# Hoodie-Kleid

Schwierigkeit: ✪✪✪✪ • Schnittteile 30 und 37 bis 40 auf Bogen B

**Baumwollfeinstrick**

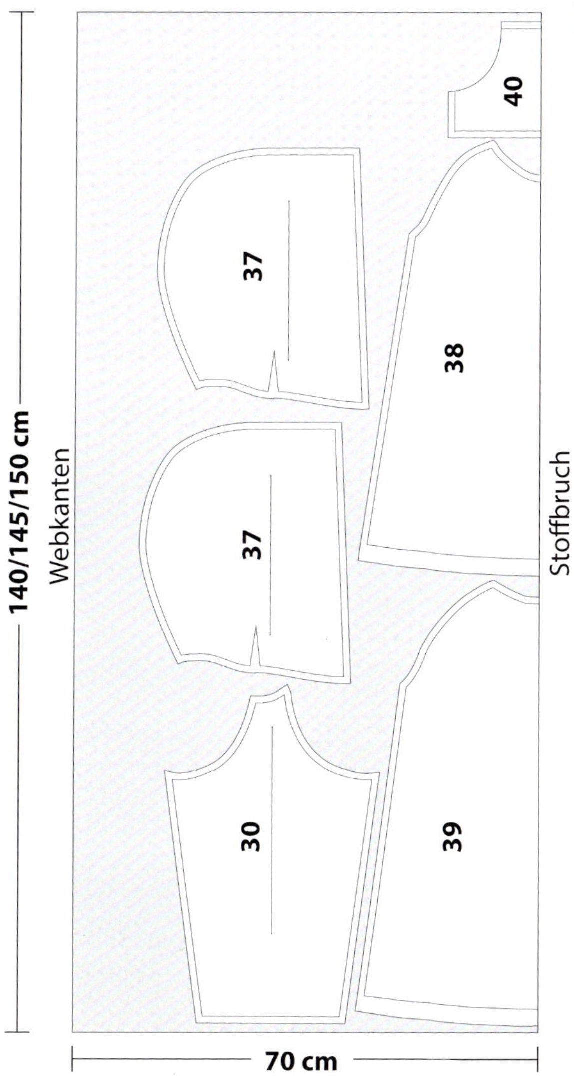


**Bündchen**

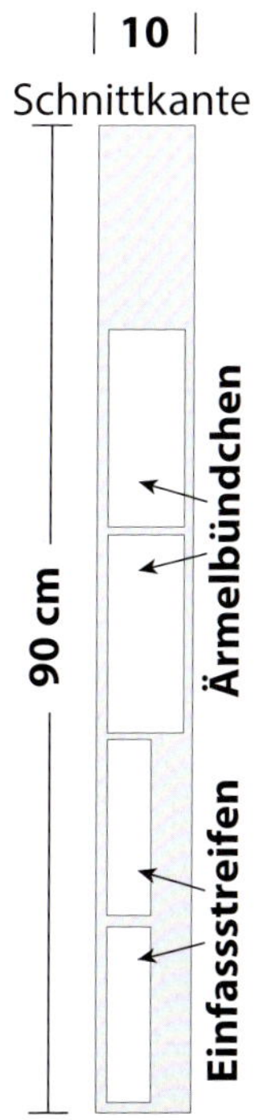


## Material

• 140/145/150 cm Baumwollfeinstrick in Lachsrosa, 140 cm breit

• 10 cm Bündchenware (Schlauchware) in Lachsrosa, 90 cm breit (aufgeschnitten)

## Zuschneiden

Geben Sie **keine** Nahtzugabe an den Tascheneingriffen, an den Saumkanten 2,5 cm und an allen anderen Kanten 1 cm Nahtzugabe hinzu. Schneiden Sie die Teile so zu, wie auf den Zuschneideplänen zu sehen.

**Baumwollfeinstrick in Lachsrosa:**

- 1-mal Schnittteil 38 im Stoffbruch (Vorderteil)
- 1-mal Schnittteil 39 im Stoffbruch (Rückenteil)
- 2-mal Schnittteil 30 (Ärmel)
- 4-mal Schnittteil 37 (Kapuze)
- 1-mal Schnittteil 40 im Stoffbruch (Tasche)

**Bündchenware in Lachsrosa:**

- 2 Streifen à 7 x 16/17/18 cm (Ärmelbündchen)
- 2 Streifen à 4 x 14/15/16 cm (Einfassstreifen Tascheneingriff)

# Nähen

**Hinweis:** Alle Nähte müssen mit einem elastischen Stich genäht werden (z. B. mit einem schmalen Zickzackstich: Stichlänge 3, Stichbreite 1). Verwenden Sie eine Jerseynadel.
Feinstrick muss versäubert werden, da er Laufmaschen bilden kann. Verwenden Sie dazu einen breiten Zickzackstich (Stichlänge 4, Stichbreite 4) oder den Overlockstich Ihrer Nähmaschine. Falls Sie eine Overlockmaschine zur Verfügung haben, sollten Sie das Material mit dieser Maschine verarbeiten.

1 Fassen Sie die gebogenen Kanten der Tasche mit den Einfassstreifen ein, wie auf Seite 106 beschrieben. 1 + 2 Bügeln Sie alle geraden Kanten der Tasche 1 cm breit nach links um.

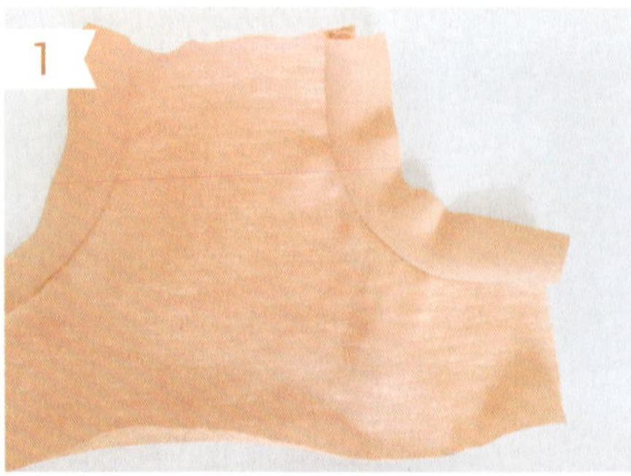


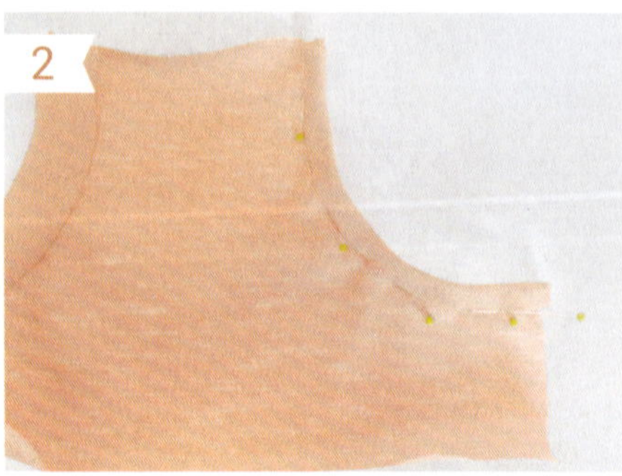


2 Platzieren Sie die Tasche, wie im Schnitt eingezeichnet, mittig auf dem Vorderteil und nähen Sie die geraden Kanten mit einem elastischen Geradstich, z. B. mit der Zwillingsnadel, knappkantig fest.

3 Legen Sie die Ärmelzuschnitte jeweils rechts auf rechts so auf das Vorderteil, dass die Kanten der Raglannähte bündig aufeinanderliegen. Beachten Sie dabei die Beschriftung im Schnittmuster für die vordere und hintere Ärmelkante. Stecken und nähen Sie die Teile aneinander, siehe Seite 10.

4 Nun nähen Sie die Ärmel entsprechend an das Rückenteil, indem Sie auch hier die Raglannähte rechts auf rechts schließen.

5 Falten Sie einen Kapuzenzuschnitt rechts auf rechts entlang der Mitte des Abnähers. Nähen Sie den Abnäher von der breiten unteren Kante aus und lassen Sie ihn in einem schmalen Bogen auslaufen. **Tipp:** Am besten gelingt das Ende, wenn Sie nicht verriegeln, sondern lange Garnenden stehen lassen und diese mehrfach verknoten, siehe Seite 30. Schließen Sie an den anderen Kapuzenzuschnitten ebenfalls die Abnäher.

6 Legen Sie jeweils 2 gegengleiche Kapuzenzuschnitte rechts auf rechts aufeinander und nähen Sie sie entlang der gebogenen Kante zusammen, Unterkante und Vorderkante bleiben offen.

7 Wenden Sie eine der Kapuzen auf rechts und schieben Sie sie rechts auf rechts in die andere Kapuze hinein. Stecken Sie die vorderen Kanten aufeinander und nähen Sie die Kanten zusammen.

8 Wenden Sie die Kapuze auf rechts und bügeln Sie die verstürzte Vorderkante gut aus. Steppen Sie die Vorderkante von der Außenseite aus mit einem elastischen Geradstich ab, z. B. mit der Zwillingsnadel. Stecken (und heften) Sie die Unterkanten der Kapuze bündig aufeinander.

9 Legen Sie die Kapuze rechts auf rechts an den Halsausschnitt: Die Kapuzennaht trifft dabei auf die hintere Mitte des Rückenteils, in der vorderen Mitte überlappen sich die Kapuzenkanten. Fixieren Sie die Kapuze mit Stecknadeln und nähen Sie sie fest.

10 Falten Sie das Kleid so, dass Vorder- und Rückenteil rechts auf rechts bündig aufeinanderliegen und die Ärmel zur Hälfte gefaltet sind. Nähen Sie die Ärmel- und Seitennähte jeweils fortlaufend zusammen, wie auf Seite 108 beschrieben.

11 Falten Sie die Ärmelbündchen so links auf links, dass die Längskanten aufeinanderliegen, und bügeln Sie jeweils einen mittigen Bruch hinein. Falten Sie die Bündchen wieder auseinander und dann jeweils der Breite nach rechts auf rechts, sodass die Schmalseiten aufeinanderliegen. Nähen Sie die Bündchen jeweils zu einem Ring zusammen.

12 Nähen Sie die Ärmelbündchen an die Unterkanten der Ärmel, wie auf Seite 106 beschrieben.

13 Nähen Sie den Saum, wie auf Seite 108 beschrieben.

# Cooles Basic

Schwierigkeit: ★★☆☆ • Schnittteile 1 bis 3 auf Bogen A

## Material

- 95/95/100 cm Baumwollfeinstrick in Schwarz, meliert, 140 cm breit
- 25 cm Bündchenware (Schlauchware) in Schwarz, 90 cm breit (aufgeschnitten)

## Zuschneiden

Geben Sie an allen Kanten 1 cm Nahtzugabe hinzu. Schneiden Sie die Teile so zu, wie auf den Zuschneideplänen zu sehen.

**Feinstrick:**

- 1-mal Schnittteil 1 im Stoffbruch (Vorderteil)
- 1-mal Schnittteil 2 im Stoffbruch (Rückenteil)
- 2-mal Schnittteil 3 (Ärmel)

**Bündchenware:**

- 1 Streifen à 7 x 31/33/35 cm (Halsbündchen)
- 2 Streifen à 7 x 16/17/18 cm (Ärmelbündchen)
- 1 Streifen à 11 x 55/57/59 cm (Saumbündchen)

**Baumwollfeinstrick**

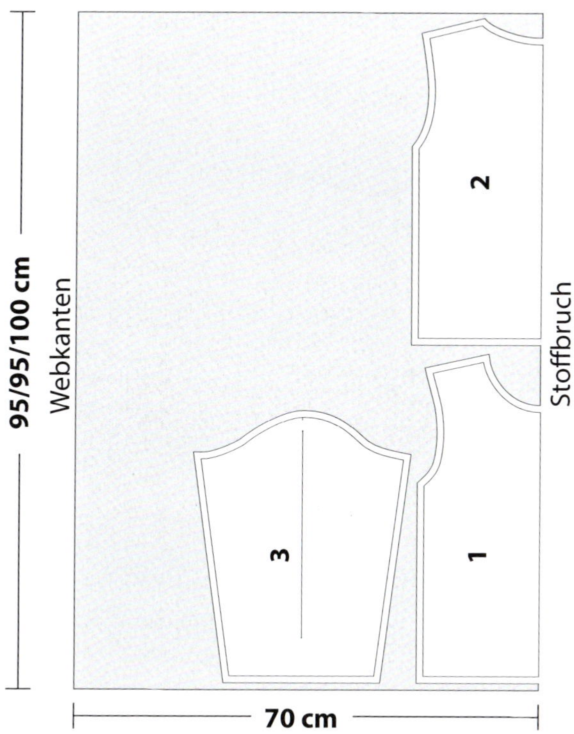


**Bündchen**

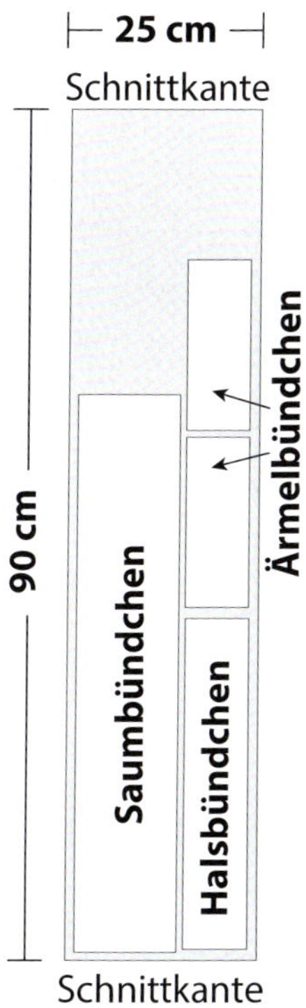

1

2

# Nähen

**Hinweis:** Alle Nähte müssen mit einem elastischen Stich genäht werden (z.B. mit einem schmalen Zickzackstich: Stichlänge 3, Stichbreite 1). Verwenden Sie eine Jerseynadel.
Feinstrick muss versäubert werden, da er Laufmaschen bilden kann. Verwenden Sie dazu einen breiten Zickzackstich (Stichlänge 4, Stichbreite 4) oder den Overlockstich Ihrer Nähmaschine. Falls Sie eine Overlockmaschine zur Verfügung haben, sollten Sie das Material mit dieser Maschine verarbeiten.

1 Legen Sie Vorder- und Rückenteil an den Schultern rechts auf rechts bündig aufeinander und nähen Sie dann die Schulternähte. 1

2 Stecken Sie die Ärmel rechts auf rechts an die Armausschnitte – dabei liegt jeweils die Schultermarkierung auf der Schulternaht – und nähen Sie die Ärmel ein, wie auf Seite 108 beschrieben.

3 Falten Sie den Pullover so, dass Vorder- und Rückenteil rechts auf rechts bündig aufeinanderliegen und die Ärmel zur Hälfte gefaltet sind. Nähen Sie fortlaufend die Ärmel- und Seitennähte, siehe Seite 108.

4 Falten Sie alle Bündchen so links auf links, dass die Längskanten aufeinanderliegen, und bügeln Sie einen mittigen Bruch hinein.
Falten Sie die Bündchen wieder auseinander und dann jeweils der Breite nach rechts auf rechts, sodass die Schmalseiten aufeinanderliegen. Nähen Sie die Bündchen an den Schmalseiten jeweils zum Ring zusammen.

5 Nähen Sie die Ärmelbündchen an die Unterkanten der Ärmel, wie auf Seite 106 beschrieben.

6 Nähen Sie das Halsbündchen an den Halsausschnitt, wie auf Seite 106 beschrieben.

7 Nähen Sie das Saumbündchen an die Unterkante, wie auf Seite 106 beschrieben.

8 Bügeln Sie die Nahtzugaben der Bündchen von den Bündchen weg. Nähen Sie die Nahtzugaben mit einem elastischen Geradstich (z.B. mit der Zwillingsnadel) von der rechten Seite aus knappkantig fest. Mit der Zwillingsnadel können Sie genau über der Ansatznaht nähen, wie auf dem Foto zu sehen. Achten Sie bei der Verwendung einer Zwillingsnadel darauf, dass die Sticheinstellung wieder auf Geradstich eingestellt ist. Ist noch der Zickzackstich eingestellt, kann die Zwillingsnadel brechen. 2

# Maritimer Hoodie

Schwierigkeit: ✪✪✪✪ • Schnittteile 22 und 23, 29 und 30, 36 und 37 auf Bogen B

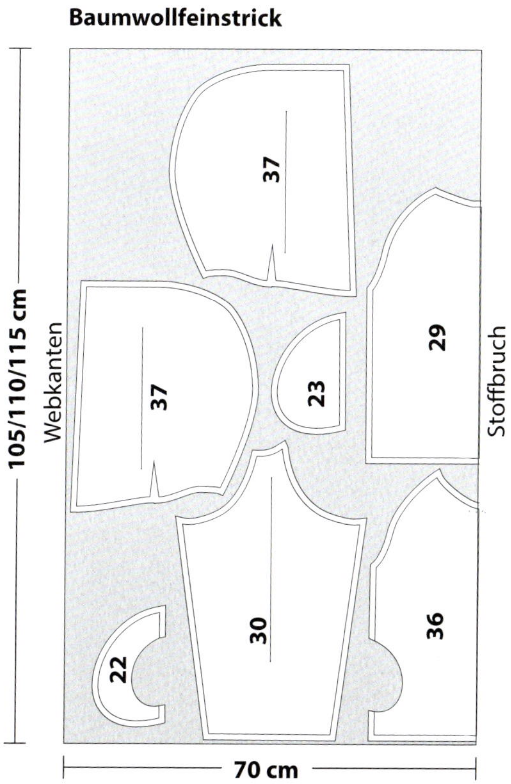


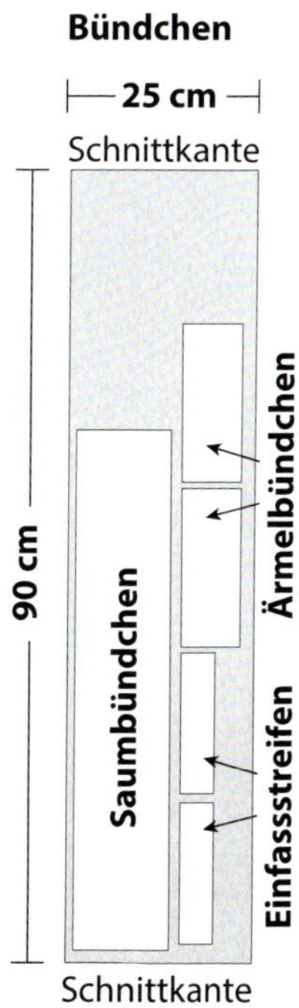


## Material

- 105/110/115 cm gestreifter Baumwollfeinstrick in Dunkelblau, 140 cm breit
- 25 cm Bündchenware (Schlauchware) in Senf, 90 cm breit (aufgeschnitten)

**Optional:**

- Plotter • Flexfolie in Rot, DIN A4
- Backpapier

## Zuschneiden

Geben Sie **keine** Nahtzugabe am Tascheneingriff, an der Saumkante 2,5 cm Nahtzugabe und an allen anderen Kanten 1 cm Nahtzugabe hinzu. Schneiden Sie die Teile so zu, wie auf den Zuschneideplänen zu sehen.

**Feinstrick:**

- 1-mal Schnittteil 36 im Stoffbruch (Vorderteil)
- 1-mal Schnittteil 29 im Stoffbruch (Rückenteil)
- 2-mal Schnittteil 30 (Ärmel)
- 4-mal Schnittteil 37 (Kapuze)
- 2-mal Schnittteil 22 (Taschenbeutel mit Eingriff)
- 2-mal Schnittteil 23 (Taschenbeutel ohne Eingriff)

**Bündchenware:**

- 2 Streifen à 4 x 14/15/16 cm (Einfassstreifen Tascheneingriff)
- 2 Streifen à 7 x 16/17/18 cm (Ärmelbündchen)
- 1 Streifen à 11 x 55/57/59 cm (Saumbündchen)

# Nähen

**Hinweis:** Alle Nähte müssen mit einem elastischen Stich genäht werden (z. B. mit einem schmalen Zickzackstich: Stichlänge 3, Stichbreite 1). Verwenden Sie eine Jerseynadel.
Feinstrick muss versäubert werden, da er Laufmaschen bilden kann. Verwenden Sie dazu einen breiten Zickzackstich (Stichlänge 4, Stichbreite 4) oder den Overlockstich Ihrer Nähmaschine. Falls Sie eine Overlockmaschine zur Verfügung haben, sollten Sie das Material mit dieser Maschine verarbeiten.

1 Platzieren Sie den Taschenbeutel mit Eingriff links auf links auf der Rückseite des Vorderteils und fixieren Sie ihn am Tascheneingriff mit Stecknadeln. Falls Ihnen das die Arbeit erleichtert, sollten Sie den Tascheneingriff zusätzlich heften, siehe Seite 76.

2 Nähen Sie den Einfassstreifen gedehnt rechts auf rechts an den Tascheneingriff. Schlagen Sie dann den Streifen um die Kante zur Taschenrückseite herum und nähen Sie ihn von der Vorderseite im Schatten der Naht mit einem elastischen Geradstich (3-fach-Stich) fest, wie auf Seite 106 beschrieben.

3 Legen Sie den Taschenbeutel ohne Eingriff rechts auf rechts auf den bereits angenähten Taschenbeutel und nähen Sie beide Beutel an der gebogenen Außenkante zusammen.

4 Nun die Tasche an der Außenkante von rechts auf dem Vorderteil festnähen. Dabei verläuft die Naht auf der Nahtzugabe der Tasche. Arbeiten Sie die 2. Tasche entsprechend.

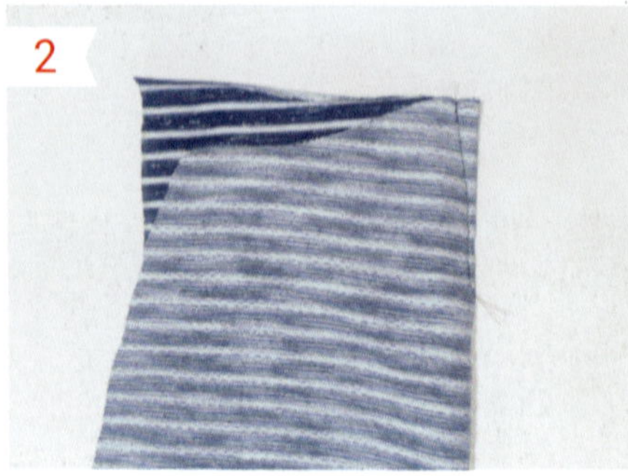

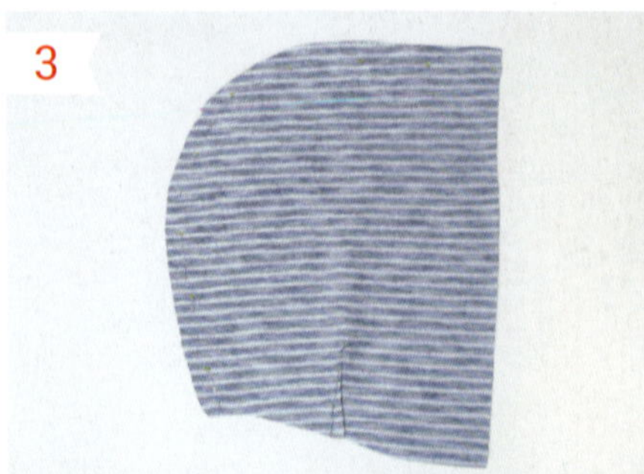

5 Legen Sie die Ärmelzuschnitte jeweils rechts auf rechts so auf das Vorderteil, dass die Kanten der Raglannähte bündig aufeinanderliegen. Beachten Sie dabei die Beschriftung im Schnittmuster für die vordere und hintere Ärmelkante. Stecken und nähen Sie die Teile aneinander.

6 Nun nähen Sie die Ärmel entsprechend an das Rückenteil, indem Sie auch hier die Raglannähte rechts auf rechts schließen.

7 Falten Sie einen Kapuzenzuschnitt rechts auf rechts entlang der Mitte des Abnähers. Nähen Sie den Abnäher von der breiten unteren Kante aus und lassen Sie ihn in einem schmalen Bogen

auslaufen. **Tipp:** Am besten gelingt das Ende, wenn Sie nicht verriegeln, sondern lange Garnenden stehen lassen und diese mehrfach verknoten. Schließen Sie an den anderen Kapuzenzuschnitten ebenfalls die Abnäher. 1 + 2

8 Legen Sie jeweils 2 gegengleiche Kapuzenzuschnitte rechts auf rechts aufeinander und nähen Sie sie entlang der gebogenen Kante zusammen, Unterkante und Vorderkante bleiben offen. 3

9 Wenden Sie eine der Kapuzen auf rechts und schieben Sie sie rechts auf rechts in die andere Kapuze hinein. Stecken Sie die vorderen Kanten aufeinander und nähen Sie die Kanten zusammen. 4 + 5

10 Wenden Sie die Kapuze auf rechts und bügeln Sie die verstürzte Vorderkante gut aus. Stecken (und heften) Sie die Unterkanten der Kapuze bündig aufeinander.

11 Stecken Sie die Kapuze rechts auf rechts an den Halsausschnitt: Die Kapuzennaht trifft dabei auf die hintere Mitte des Rückenteils, in der vorderen Mitte überlappen sich die Kapuzenkanten. Nähen Sie die Kapuze fest. 6

12 Falten Sie den Hoodie so, dass Vorder- und Rückenteil rechts auf rechts bündig aufeinanderliegen und die Ärmel zur Hälfte gefaltet sind. Schließen Sie die Ärmel- und Seitennähte jeweils fortlaufend, wie auf Seite 108 beschrieben.

13 Falten Sie alle Bündchen so links auf links, dass die Längskanten aufeinanderliegen, und bügeln Sie einen mittigen Bruch hinein. Falten Sie die Bündchen wieder auseinander und dann jeweils der Breite nach rechts auf rechts, sodass die Schmalseiten aufeinanderliegen. Nähen Sie dann die Bündchen jeweils zu einem Ring zusammen.

14 Nähen Sie die Ärmelbündchen an die Unterkanten der Ärmel sowie das Saumbündchen an die Saumkante, wie auf Seite 106 beschrieben.

15 Laden Sie die Plotterdatei für das Krakenmotiv auf Ihren Rechner und öffnen Sie es in Ihrem Plotterprogramm. Plotten Sie das Motiv gemäß der Bedienungsanleitung Ihres Plotters aus der Flexfolie.

16 Schneiden Sie das Motiv großzügig aus und entgittern Sie es (= ziehen Sie die nicht benötigten Teile der Folie ab). Platzieren Sie das Krakenmotiv mit der Trägerfolie nach oben zeigend auf der Vorderseite des Hoodies. Legen Sie ein ausreichend großes Stück Backpapier darüber. Fixieren Sie das Motiv mithilfe eines Bügeleisens oder einer Transferpresse den Herstellerangaben entsprechend.

17 Ziehen Sie nach dem Auskühlen die Trägerfolie ab.

# Softshelljacke

Schwierigkeit: ★★★☆ • Schnittteile 16 bis 18, 26 und 27 auf Bogen C

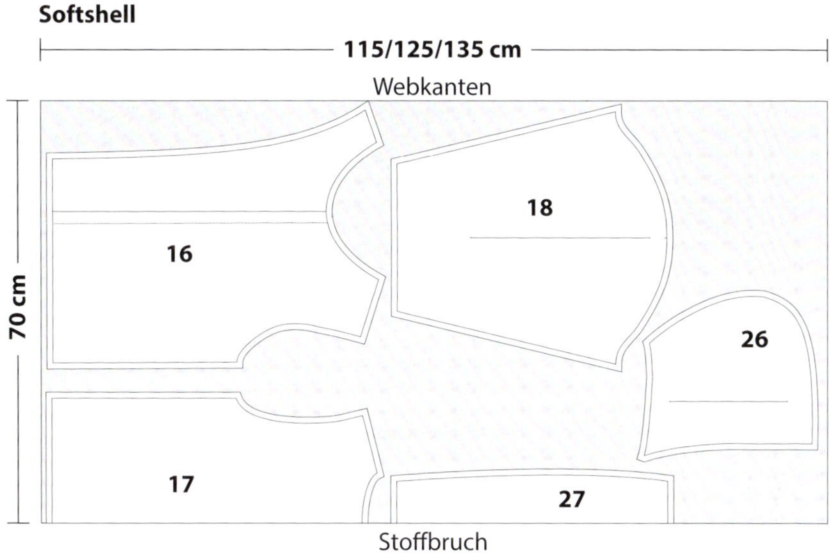


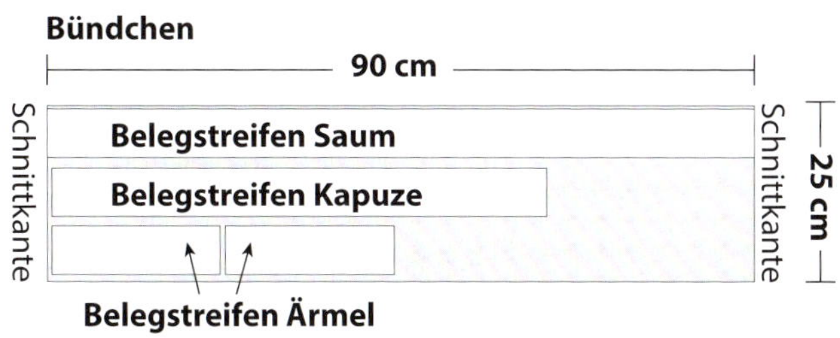

## Material

- 115/125/135 cm Softshell in Beige mit maritimen Motiven, 140 cm breit
- 25 cm Bündchenware (Schlauchware) in Rot, 90 cm breit (aufgeschnitten)
- 7 Druckknöpfe in Hellblau, 14 mm Durchmesser
- Klammern oder Quilt Clips (statt Stecknadeln)

## Zuschneiden

Geben Sie an allen Kanten 1 cm Nahtzugabe hinzu. Schneiden Sie die Teile so zu, wie auf den Zuschneideplänen zu sehen.

**Softshell:**

- 2-mal Schnittteil 16 (Vorderteil mit angeschnittenem Beleg)
- 1-mal Schnittteil 17 im Stoffbruch (Rückenteil)
- 2-mal Schnittteil 18 (Ärmel)
- 2-mal Schnittteil 26 (Kapuze Seitenteil)
- 1-mal Schnittteil 27 im Stoffbruch (Kapuze Mittelteil)

**Bündchenware:**

- 1 Streifen à 6 x 52/56/63 cm (Belegstreifen für die Kapuze)
- 1 Streifen à 6 x 74/82/90 cm (Belegstreifen für den Saum)
- 2 Streifen à 6 x 20,5/21/21,5 cm (Belegstreifen für die Ärmelsäume)

# Nähen

**Hinweis:** Verwenden Sie eine Microtexnadel.

1 Klammern (bei Softshell sind Stecknadeln ungeeignet) Sie ein Seitenteil der Kapuze rechts auf rechts an das Mittelteil, achten Sie darauf, dass Anfang und Ende bündig liegen, und nähen Sie das Seitenteil fest. Gehen Sie an der anderen Seite genauso vor. 1

2 Bügeln Sie die Nahtzugaben ggf. vorsichtig auseinander. Nähen Sie nun von der rechten Seite aus knappkantig neben der Naht, achten Sie dabei darauf, dass die Nahtzugaben auf der Unterseite glatt auseinanderliegen. Steppen Sie auf diese Weise beide Seiten der Naht ab und gehen Sie bei der anderen Naht genauso vor. 2

3 Falten Sie den Belegstreifen für die Kapuze der Länge nach links auf links und fixieren Sie ihn an der Vorderkante der Kapuze (auf der rechten Stoffseite). Die offenen Kanten liegen dabei bündig an der Kante der Kapuze. Nähen Sie den Streifen fest, dabei dehnen Sie den Streifen leicht. Schneiden Sie anschließend die Nahtzugaben zurück. 3

4 Schlagen Sie den Streifen zur linken Seite um. 4

5 Steppen Sie die Kapuzenkante 2-mal von der rechten Seite aus ab, einmal füßchenbreit von der Kante und nochmals füßchenbreit von der ersten Naht entfernt. 5

6 Legen Sie die Vorderteile rechts auf rechts auf das Rückenteil, sodass die Schultern bündig aufeinanderliegen. Schließen Sie die Schulternähte, legen Sie die Nahtzugaben auseinander und steppen Sie die Nähte ab, wie in Schritt 2 beschrieben.

7 Fixieren Sie die Kapuze rechts auf rechts am Halsausschnitt, die hinteren Mitten liegen bündig aufeinander, die Vorderkanten der Kapuze treffen auf die vorderen Mitten der Vorderteile. Nähen Sie die Kapuze an den Halsausschnitt. 6

8 Falten Sie den angeschnittenen Beleg an der vorderen Kante so, dass er rechts auf rechts auf dem Vorderteil liegt. Die Kapuze liegt dabei zwischen Vorderteil und Beleg. Nähen Sie den Beleg entlang der Halsausschnittkante fest. 7

9 Fixieren Sie den Beleg an der Jackenunterkante. 8

10 Falten Sie den Belegstreifen für den Saum links auf links und nähen Sie ihn leicht gedehnt jeweils bis zur vorderen Kante an die Unterkante, wie in Schritt 3 beschrieben. 9

11 Wenden Sie den angeschnittenen Beleg auf rechts, schneiden Sie die Nahtzugaben am Halsausschnitt ggf. ein, damit die Naht glatt liegt. Fixieren Sie den Beleg mit einigen Handstichen an der Nahtzugabe der Schulternaht. Steppen Sie den Belegstreifen am Saum fest, wie in Schritt 4 und 5 beschrieben.

12 Stecken Sie die Ärmel rechts auf rechts an die Armausschnitte – dabei liegt jeweils die Schultermarkierung auf der Schulternaht – und nähen Sie die Ärmel ein, wie auf Seite 108 beschrieben.

13 Steppen Sie die Nähte ab, wie in Schritt 2 beschrieben.

14 Falten Sie die Jacke so, dass Vorder- und Rückenteil rechts auf rechts bündig aufeinanderliegen und die

1

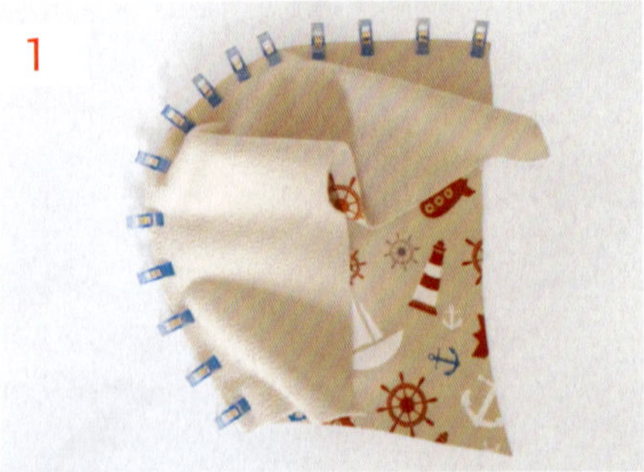

Ärmel zur Hälfte gefaltet sind. Schließen Sie die Ärmel- und Seitennähte jeweils fortlaufend, siehe Seite 108.

15 Steppen Sie die Nähte ab, wie in Schritt 2 beschrieben. Im Bereich der Ärmel ist das etwas schwierig. Eventuell hilft es, zuerst von einer Seite so weit wie möglich zu nähen, dann zu verriegeln und den anderen Teil der Naht aus der anderen Richtung abzusteppen.

16 Bügeln Sie die Belegstreifen für die Ärmel so links auf links zur Hälfte, dass die Längskanten aufeinanderliegen. Falten Sie die Streifen wieder auseinander und nähen Sie die Schmalseiten rechts auf rechts aufeinander, sodass jeweils ein Ring entsteht. Nähen Sie die Belegstreifen rundum an die Ärmelsäume, wie in Schritt 3 bis 5 beschrieben.

17 Bügeln Sie vorsichtig einen Bruch an der vorderen Kante ein (nicht an der vorderen Mitte!).

18 Montieren Sie entlang der vorderen Mitte (gestrichelte Linie) sieben Druckknöpfe gemäß der Herstellerangabe: den obersten Knopf mit ca. 2 cm Abstand zur Kapuzenansatznaht, die anderen jeweils im Abstand von 6,5 cm zueinander.

2

3

4

5

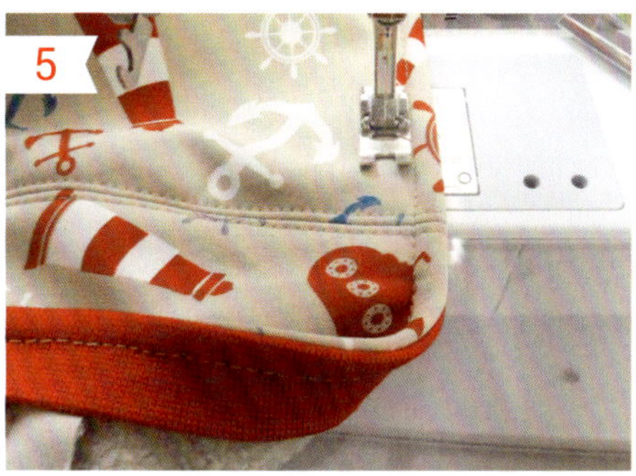

6

7

8

9

# Fleecejacke

Schwierigkeit: ✪✪✪✪ • Schnittteile 17 bis 19, 24 und 25 auf Bogen C

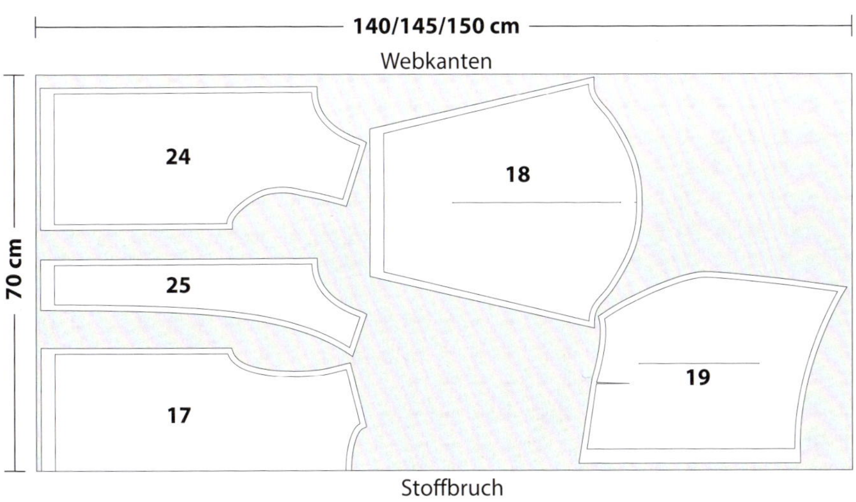


## Material

- 140/145/150 cm Alpenfleece in Grün mit Punkten, 140 cm breit
- 10 cm Bündchenware (Schlauchware) in Grün, 90 cm breit (aufgeschnitten)
- 2 m aufbügelbares Nahtband
- 1 teilbarer Reißverschluss, 42/44/46 cm lang (wenn Wunschlänge nicht verfügbar: 40/40/45 cm)

## Zuschneiden

Geben Sie an den Saumkanten und der Vorderkante der Kapuze 2,5 cm Nahtzugabe hinzu, an allen anderen Kanten 1 cm Nahtzugabe. Schneiden Sie die Teile zu, wie auf dem Zuschneideplan zu sehen.

**Feinstrick:**

- 2-mal Schnittteil 24 (Vorderteil)
- 2-mal Schnittteil 25 (Beleg)
- 1-mal Schnittteil 17 im Stoffbruch (Rückenteil)
- 2-mal Schnittteil 18 (Ärmel)
- 2-mal Schnittteil 19 (Kapuze)

**Bündchen:**

- 2 Streifen à 6 x 20,5/21/21,5 cm (Belegstreifen für die Ärmelsäume)

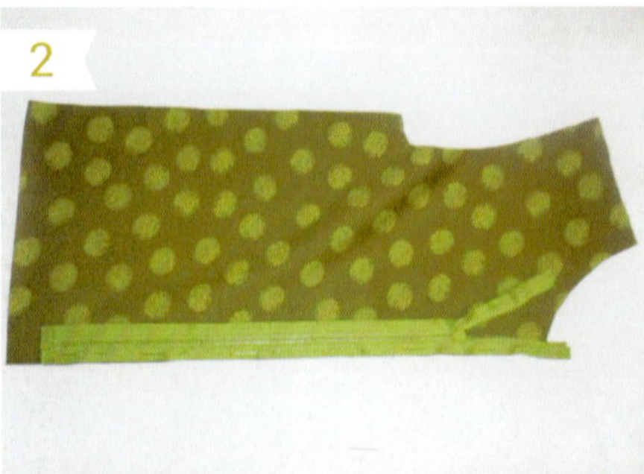

# Nähen

**Hinweis:** Alle Nähte müssen mit einem elastischen Stich genäht werden (z. B. mit einem schmalen Zickzackstich: Stichlänge 3, Stichbreite 1). Verwenden Sie eine Jerseynadel.

1 Schneiden Sie vom Nahtband 4 Streifen in der Länge der vorderen Mitte des Vorderteils ab und bügeln Sie diese jeweils auf die linken Seiten der Vorderteile und der Belege mit 1 cm Abstand zur vorderen Kante. 1

2 Stecken Sie den Reißverschluss rechts auf rechts auf ein Vorderteil, die Kanten liegen dabei bündig aufeinander. Heften Sie den Reißverschluss fest. (Das Heften kann auch gut mit einem großen Geradstich der Nähmaschine gemacht werden.) Achten Sie darauf, dass an der Oberkante zwischen Reißverschlussende und Stoffkante 1 cm Platz bleibt. 2

3 Öffnen Sie den Reißverschluss ganz und heften Sie die andere Hälfte an das zweite Vorderteil, achten Sie darauf, dass beide Reißverschlussseiten den gleichen Abstand zur Ober- und Unterkante haben.

4 Platzieren Sie den Beleg rechts auf rechts auf dem Vorderteil. Heften Sie ihn ggf. ebenfalls fest. Nähen Sie nun durch alle drei Lagen. Verwenden Sie dazu den Reißverschlussfuß Ihrer Maschine, um den Reißverschluss exakt und knappkantig einnähen zu können.

5 Nähen Sie den Beleg unterhalb des Reißverschlusses mit einer Nahtbreite von 2,5 cm (= Saumbreite) auch an der Saumkante fest.

6 Legen Sie die Vorderteile rechts auf rechts auf das Rückenteil, sodass die Schultern bündig aufeinanderliegen und schließen Sie die Schulternähte.

7 Falten Sie einen Kapuzenzuschnitt rechts auf rechts entlang der Mitte des Abnähers. Nähen Sie den Abnäher von der breiten unteren Kante aus und lassen Sie ihn in einem schmalen Bogen auslaufen. **Tipp:** Am besten gelingt das Ende, wenn Sie nicht verriegeln, sondern lange Garnenden stehen lassen und diese mehrfach verknoten, siehe Seite 30. Schließen Sie an den anderen Kapuzenzuschnitten ebenfalls die Abnäher.

8 Legen Sie die beiden Kapuzenzuschnitte rechts auf rechts aufeinander und nähen Sie sie entlang der gebogenen Kante zusammen, Unter- und Vorderkante bleiben offen.

9 Bügeln Sie die Vorderkante der Kapuze 2,5 cm breit nach links um und nähen Sie den Umschlag knappkantig fest.

10 Legen Sie die Kapuze rechts auf rechts an den Halsausschnitt: Die Kapuzennaht trifft dabei auf die hintere Mitte des Rückenteils, in der vorderen Mitte überlappen sich die Kapuzenkanten. Fixieren Sie die Kapuze mit Stecknadeln und nähen Sie sie fest.

11 Legen Sie nun die Belege rechts auf rechts auf das jeweilige Vorderteil, die Kapuze liegt dabei jeweils zwischen Vorderteil und Beleg. Nähen Sie die Belege entlang des Halsausschnitts fest.

12 Wenden Sie den Beleg auf rechts, schneiden Sie die Nahtzugaben ggf. ein, damit die Naht glatt liegt. Fixieren Sie den Beleg mit einigen Handstichen an der Nahtzugabe der Schulternaht.

13 Stecken Sie die Ärmel rechts auf rechts an die Armausschnitte – dabei liegt jeweils die Schultermarkierung auf der Schulternaht – und nähen Sie die Ärmel ein, wie auf Seite 108 beschrieben.

14 Falten Sie die Jacke so, dass Vorder- und Rückenteil rechts auf rechts bündig aufeinanderliegen und die Ärmel zur Hälfte gefaltet sind. Schließen Sie die Ärmel- und Seitennähte jeweils fortlaufend, siehe Seite 108.

15 Nähen Sie den unteren Saum (ein Teil davon ist bereits durch den verstürzten Beleg gesäumt), wie auf Seite 108 beschrieben.

16 Bügeln Sie die Belegstreifen für die Ärmel so links auf links zur Hälfte, dass die Längskanten aufeinanderliegen. Falten Sie die Streifen wieder auseinander und nähen Sie die Schmalseiten rechts auf rechts aufeinander, sodass jeweils ein Ring entsteht.

17 Stecken Sie die Belegstreifen leicht gedehnt an die Ärmelunterkanten, die offenen Kanten liegen dabei bündig aufeinander. Nähen Sie die Streifen fest. Schneiden Sie anschließend die Nahtzugaben zurück, siehe auch Seite 36.

18 Schlagen Sie die Streifen jeweils zur linken Seite um.

19 Steppen Sie die Belegstreifen jeweils knappkantig fest.

# Jogginghose

Schwierigkeit: ★★☆☆ • Schnittteile 46 bis 49 auf Bogen C

## Material

- 75/80/85 cm Sommersweat in Weiß mit Ankermotiven, 140 cm breit
- 40 cm Bündchenware (Schlauchware) in Schwarz, 90 cm breit (aufgeschnitten)
- ca. 10 x 10 cm Bügeleinlage
- ca. 10 x 10 cm Papierleder
- 2 Ösen, 8 mm Durchmesser
- 1 m Baumwollkordel
- 55 cm Gummiband, 3 cm breit

## Zuschneiden

Geben Sie an den Tascheneingriffen keine Nahtzugabe, an allen anderen Kanten 1 cm Nahtzugabe hinzu. Schneiden Sie die Teile so zu, wie auf den Zuschneideplänen zu sehen.

**Sommersweat:**

- 2-mal Schnittteil 46 (Vorderes Hosenbein)
- 2-mal Schnittteil 47 (Hinteres Hosenbein)
- 2-mal Schnittteil 48 (Taschenbeutel mit Eingriff)
- 2-mal Schnittteil 49 (Taschenbeutel ohne Eingriff)

**Bündchenware:**

- 1 Streifen à 10 x 45/47/49 cm (Taillenbündchen)
- 2 Streifen à 21 x 20/21/22 cm (Knöchelbündchen)
- 2 Streifen à 4 x 19/20/21 cm (Einfassstreifen Tascheneingriff)

**Papierleder:**

2 Quadrate à 3 x 3 cm

**Sommersweat**

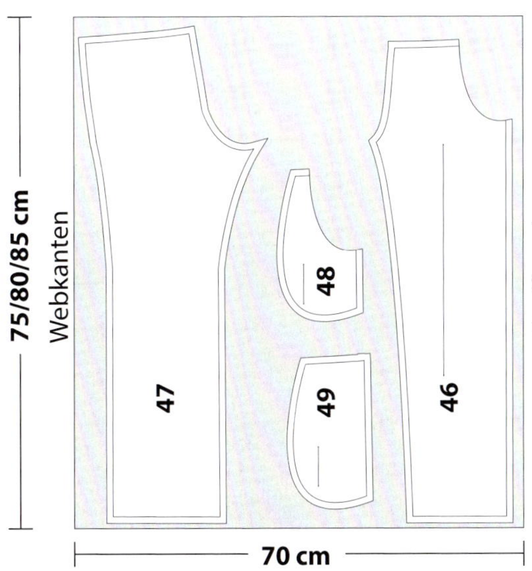


**Bündchen**

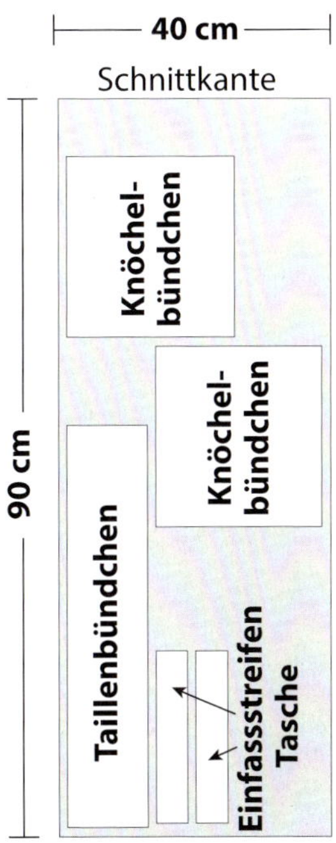

# Nähen

**Hinweis:** Alle Nähte müssen mit einem elastischen Stich genäht werden (z. B. mit einem schmalen Zickzackstich: Stichlänge 3, Stichbreite 1). Verwenden Sie eine Jerseynadel.

1 Legen Sie den Taschenbeutel mit Eingriff links auf links auf die Rückseite des vorderen Hosenbeins und fixieren Sie ihn am Tascheneingriff mit Stecknadeln. Falls Ihnen das die Arbeit erleichtert, sollten Sie den Tascheneingriff zusätzlich heften, siehe Seite 76.

2 Nähen Sie den Einfassstreifen gedehnt rechts auf rechts an den Tascheneingriff. Schlagen Sie dann den Streifen um die Kante zur Taschenrückseite herum und nähen Sie ihn von der Vorderseite im Schatten der Naht mit einem elastischen Geradstich (3-fach-Stich) fest, wie auf Seite 106 beschrieben.

3 Legen Sie den Taschenbeutel ohne Eingriff rechts auf rechts auf den bereits angenähten Taschenbeutel und nähen Sie beide Beutel an der gebogenen Außenkante zusammen.

4 Nun die Tasche an der Außenkante von rechts auf dem Vorderteil festnähen. Dabei verläuft die Naht auf der Nahtzugabe der Tasche.

5 Legen Sie die vorderen Hosenbeine rechts auf rechts aufeinander und schließen Sie die Schrittnaht. Nähen Sie die hinteren Hosenbeine entsprechend zusammen.

6 Legen Sie die hinteren Hosenbeine rechts auf rechts auf die vorderen Hosenbeine. Stecken und nähen Sie die Innenbeinnähte fortlaufend in einem Arbeitsgang an beiden Beinen.

7 Schließen Sie die äußeren Beinnähte ebenfalls rechts auf rechts.

8 Bügeln Sie die Bügeleinlage mittig auf das Bündchen.

9 Platzieren Sie die Papierlederquadrate jeweils 0,5 cm von der vorderen Mitte und 1,5 cm von der unteren Kante auf dem Bündchen und nähen Sie sie ringsum knappkantig auf. 1

10 Montieren Sie mittig auf jedem Papierlederquadrat eine Öse laut Herstellerangaben .

11 Falten Sie die Bündchen so links auf links zur Hälfte, dass die Längskanten aufeinanderliegen, und bügeln Sie einen mittigen Bruch hinein.

12 Falten Sie die Bündchen wieder auseinander und dann jeweils der Breite nach rechts auf rechts, sodass die Schmalseiten aufeinanderliegen. Nähen Sie die Bündchen jeweils zum Ring zusammen.

13 Schneiden Sie vom Gummiband 39/41/43 cm oder ein Stück in folgender Länge ab: Taillenweite des Kindes minus 4 cm. Nähen Sie das Gummiband zum Ring zusammen, dabei überlappen sich die Enden 1 cm breit.

14 Schieben Sie das Gummiband in das gefaltete Taillenbündchen und nähen Sie das Bündchen an die Hosenoberkante, wie auf Seite 108 beschrieben.

15 Ziehen Sie die Baumwollkordel in den Bund ein.

16 Nähen Sie die Knöchelbündchen an die Hosenbeine, wie auf Seite 106 beschrieben.

# Kleid mit Tellerrock

Schwierigkeit: ★★☆☆ • Schnittteile 14 und 30 auf Bogen B, 34 und 35 auf Bogen D

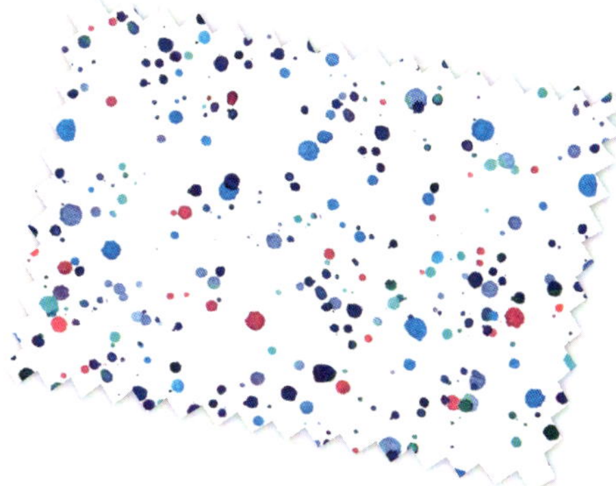

**Baumwolljersey mit Federn**

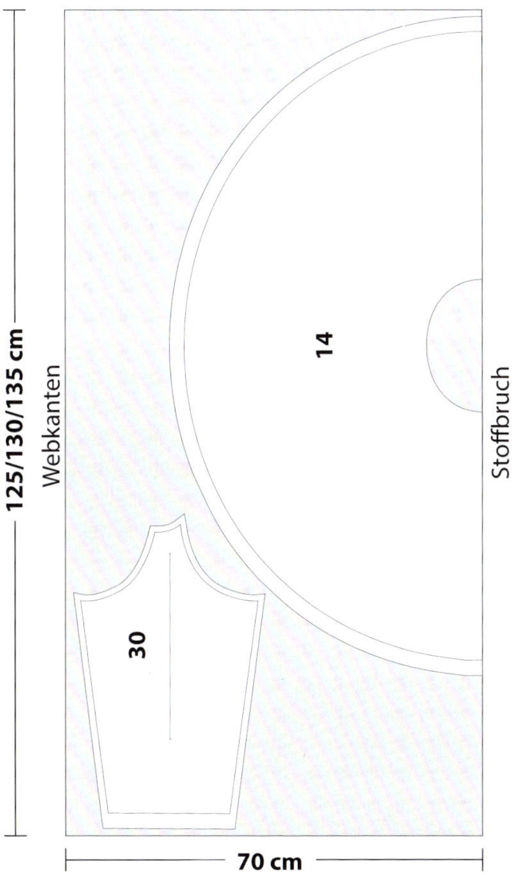


**Baumwolljersey mit Tupfen**

## Material

- 35/35/40 cm Baumwolljersey in Weiß mit Tupfen, 140 cm breit
- 125/130/135 cm Baumwolljersey in Weiß mit Federmotiven, 140 cm breit

## Zuschneiden

Geben Sie an den Saumkanten 2,5 cm und an allen anderen Kanten 1 cm Nahtzugabe hinzu. Schneiden Sie die Teile so zu, wie auf den Zuschneideplänen zu sehen.

**Baumwolljersey mit Tupfen:**

- 1-mal Schnittteil 34 im Stoffbruch (Vorderteil)
- 1-mal Schnittteil 35 im Stoffbruch (Rückenteil)
- 1 Streifen à 7 x 37/39/41 cm (Halsbündchen)
- 2 Streifen à 7 x 16/17/18 cm (Ärmelbündchen)

**Baumwolljersey mit Federn**

- 2-mal Schnittteil 30 (Ärmel)
- 1-mal Schnittteil 14 im Stoffbruch (Rockteil)

# Nähen

**Hinweis:** Alle Nähte müssen mit einem elastischen Stich genäht werden (z. B. mit einem schmalen Zickzackstich: Stichlänge 3, Stichbreite 1). Verwenden Sie eine Jerseynadel.

1 Legen Sie die Ärmelzuschnitte jeweils rechts auf rechts so auf das Vorderteil, dass die Kanten der Raglannähte bündig aufeinanderliegen. Beachten Sie dabei die Beschriftung im Schnittmuster für die vordere und hintere Ärmelkante. Stecken und nähen Sie die Teile aneinander.

2 Nun nähen Sie die Ärmel entsprechend an das Rückenteil, indem Sie auch hier die Raglannähte rechts auf rechts schließen.

3 Falten Sie das Oberteil so, dass Vorder- und Rückenteil rechts auf rechts bündig aufeinanderliegen und die Ärmel zur Hälfte gefaltet sind. Schließen Sie die Ärmel- und Seitennähte jeweils fortlaufend, wie auf Seite 108 beschrieben.

4 Falten Sie alle Bündchen so links auf links zur Hälfte, dass die Längskanten aufeinanderliegen, und bügeln Sie einen mittigen Bruch hinein. Falten Sie die Bündchen wieder auseinander und dann jeweils der Breite nach rechts auf rechts, sodass die Schmalseiten aufeinanderliegen. Nähen Sie die Bündchen jeweils zum Ring zusammen.

5 Nähen Sie die Ärmelbündchen an die Unterkanten der Ärmel, wie auf Seite 106 beschrieben.

6 Nähen Sie das Halsbündchen an den Halsausschnitt, wie auf Seite 106 beschrieben.

7 Bügeln Sie die Nahtzugaben der Bündchen von den Bündchen weg. Nähen Sie anschließend die Nahtzugaben mit einem elastischen Geradstich (z. B. mit der Zwillingsnadel) von der rechten Seite aus knappkantig fest. Mit der Zwillingsnadel können Sie genau über der Ansatznaht nähen, siehe Seite 26. Achten Sie bei der Verwendung einer Zwillingsnadel darauf, dass die Sticheinstellung wieder auf Geradstich eingestellt ist. Ist noch der Zickzackstich eingestellt, kann die Zwillingsnadel brechen.

8 Der Rock des Kleides hat keine Nähte, er ist ein am Stück ausgeschnittener Tellerrock. Ziehen Sie den oberen Teil des Kleids auf rechts. Schieben Sie das Rockteil rechts auf rechts über das Oberteil und stecken Sie die Teile aneinander. Achten Sie darauf, dass die vordere und hintere Mitte jeweils bündig aufeinanderliegen. Nähen Sie die Verbindungsnaht zwischen Oberteil und Rockteil.

Vespa 50

# Witziger Rollkragenpulli

Schwierigkeit: ✪✪✪✪ • Schnittteile 1 bis 3 auf Bogen A

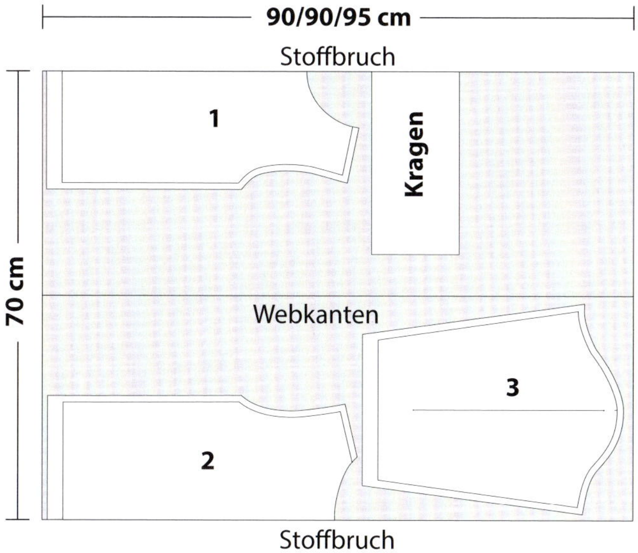

## Material

- 90/90/95 cm Nicki in Türkis, 140 cm breit

**Optional:**

- Plotter
- Flexfolie in Neongrün, DIN A4
- Backpapier

## Zuschneiden

Geben Sie am Halsausschnitt keine Nahtzugabe dazu. An den Saumkanten und Ärmelsaumkanten geben Sie 2,5 cm und an allen anderen Kanten 1 cm Nahtzugabe hinzu. Schneiden Sie die Teile so zu, wie auf dem Zuschneideplan zu sehen.

**Nicki:**

- 1-mal Schnittteil 1 im Stoffbruch (Vorderteil)
- 1-mal Schnittteil 2 im Stoffbruch (Rückenteil)
- 2-mal Schnittteil 3 (Ärmel)
- 1 Streifen à 14 x 50/52/57 cm (Kragen)

# Nähen

**Hinweis:** Alle Nähte müssen mit einem elastischen Stich genäht werden (z. B. mit einem schmalen Zickzackstich: Stichlänge 3, Stichbreite 1). Verwenden Sie eine Jerseynadel.
Nicki sollte versäubert werden, da er Laufmaschen bilden bzw. fusseln kann. Verwenden Sie dazu einen breiten Zickzackstich (Stichlänge 4, Stichbreite 4) oder den Overlockstich Ihrer Nähmaschine. Falls Sie eine Overlockmaschine zur Verfügung haben, sollten Sie das Material mit dieser Maschine verarbeiten.

1 Legen Sie Vorder- und Rückenteil an den Schultern rechts auf rechts bündig aufeinander und nähen Sie dann die Schulternähte.

2 Stecken Sie die Ärmel rechts auf rechts an die Armausschnitte – dabei liegt jeweils die Schultermarkierung auf der Schulternaht – und nähen Sie die Ärmel ein, wie auf Seite 108 beschrieben.

3 Falten Sie den Pullover so, dass Vorder- und Rückenteil rechts auf rechts bündig aufeinanderliegen und die Ärmel zur Hälfte gefaltet sind. Nähen Sie die Ärmel- und Seitennähte jeweils fortlaufend zusammen, siehe Seite 108.

4 Falten Sie den Kragen so links auf links, dass die Längskanten aufeinanderliegen, und bügeln Sie einen mittigen Bruch hinein. Falten Sie den Kragen wieder auseinander und dann der Breite nach rechts auf rechts, sodass die Schmalseiten aufeinanderliegen, und nähen Sie ihn zum Ring zusammen. Nähen Sie den Kragen wie ein Bündchen an den Halsausschnitt. Eine genaue Beschreibung dazu finden Sie auf Seite 106.

5 Nähen Sie den unteren Saum und die Ärmelsäume, wie auf Seite 108 beschrieben.

6 Laden Sie die Plotterdatei für das Hundemotiv auf Ihren Rechner und öffnen Sie es in Ihrem Plotterprogramm. Plotten Sie das Motiv gemäß der Bedienungsanleitung Ihres Plotters aus der Flexfolie.

7 Schneiden Sie das Motiv großzügig aus und entgittern Sie es (= ziehen Sie die nicht benötigten Teile der Folie ab).

8 Platzieren Sie das Hundemotiv mit der Trägerfolie nach oben zeigend mittig auf der Vorderseite des Pullovers. Legen Sie ein ausreichend großes Stück Backpapier darüber. Fixieren Sie das Motiv mithilfe eines Bügeleisens oder einer Transferpresse den Herstellerangaben entsprechend auf dem Pullover.

9 Ziehen Sie nach dem Auskühlen die Trägerfolie ab.

## Tipp: Nähen mit Nicki

Nicki ist elastisch wie Jersey hat aber eine samtig-flauschige Oberfläche. Auch Nicki sollte nur mit einer Jerseynadel genäht werden! Zugeschnitten wird Nicki immer gegen den Strich. Was bedeutet das? Streichen Sie parallel zur Webkante über den Stoff. Die Richtung, in der sich die winzigen Härchen glatt streichen lassen, nennt man Strich. Beim angezogenen Kleidungsstück soll der Strich aber von unten nach oben verlaufen, dadurch hat der Stoff mehr Glanz und sieht interessanter aus. Achten Sie deshalb beim Zuschnitt darauf, dass alle Schnittteile entgegengesetzt zur Strichrichtung liegen.

Vespa 50

# Jeans

Schwierigkeit: ✪✪✪✪ • Schnittteile 47 auf Bogen C, 50 bis 53 auf Bogen D

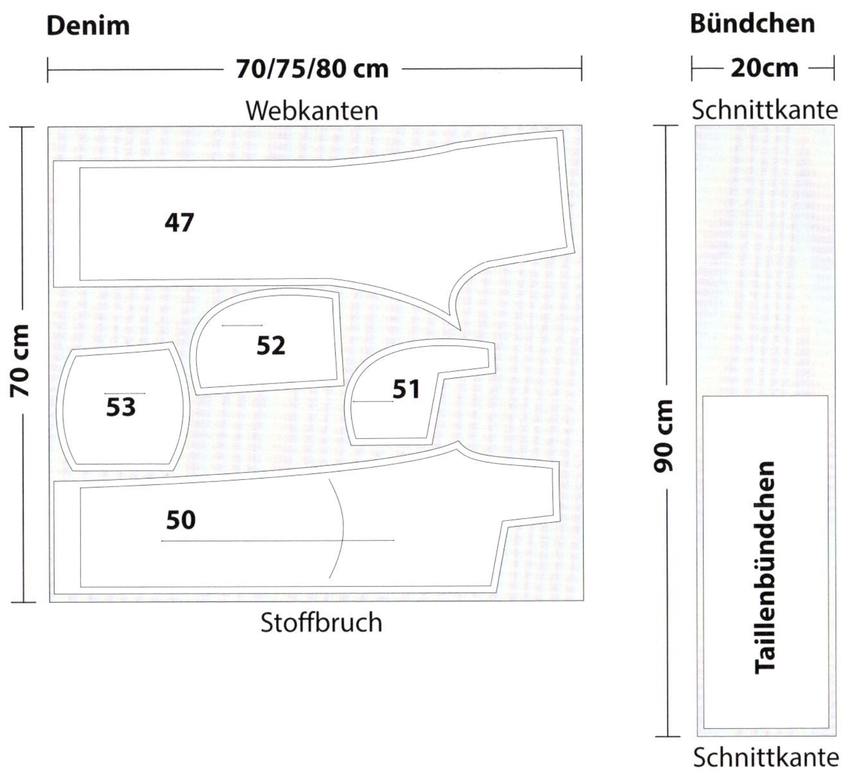

## Material

• 70/75/80 cm Denimstoff in Dunkelblau, 140 cm breit
• 20 cm Bündchenware (Schlauchware) in Dunkelblau, 90 cm breit (aufgeschnitten)
• 50 cm Gummiband, 2 cm breit
• Nähgarn in Hellbraun (falls Sie mit kontrastierenden Nähten den typischen Jeanslook erzeugen wollen)

## Zuschneiden

Geben Sie 4 cm Nahtzugabe am Saum hinzu, an allen anderen Kanten 1 cm. Schneiden Sie die Teile so zu, wie auf den Zuschneideplänen zu sehen.

**Jeans:**

• 2-mal Schnittteil 50 (Vorderes Hosenbein)
• 2-mal Schnittteil 47 (Hinteres Hosenbein)
• 2-mal Schnittteil 51 (Taschenbeutel mit Eingriff)
• 2-mal Schnittteil 52 (Taschenbeutel ohne Eingriff)
• 2-mal Schnittteil 53 (Knieflicken)

**Bündchenware:**

• 1 Streifen à 19 x 46/47/49 cm (Taillenbündchen)

**Gummiband:**

• 1 Stück à 45/47/49 cm (besser noch: Messen Sie den Taillenumfang des Kindes, ziehen Sie von diesem Maß 4 cm ab und schneiden Sie das Gummiband entsprechend zu.)

1

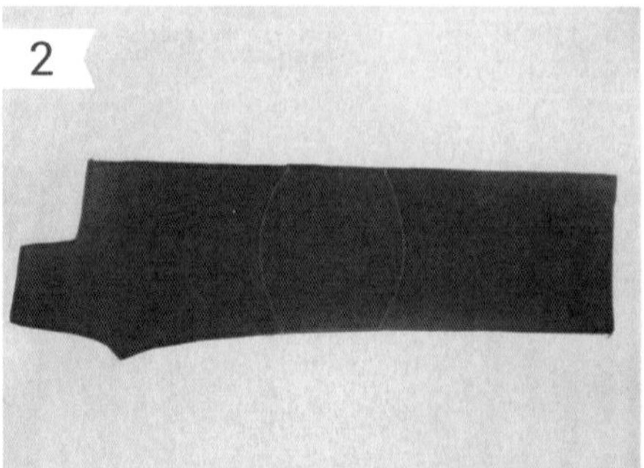
2

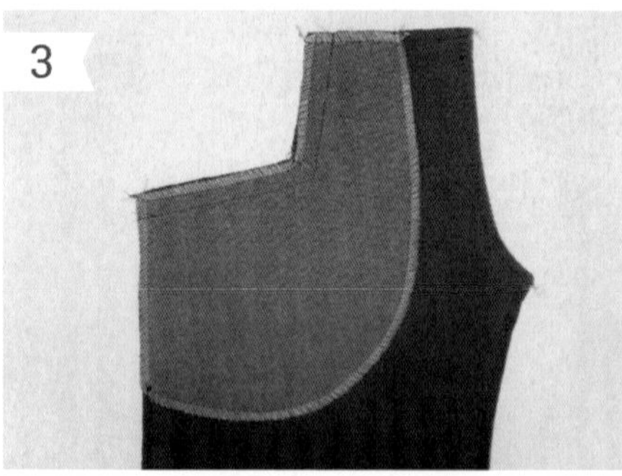
3

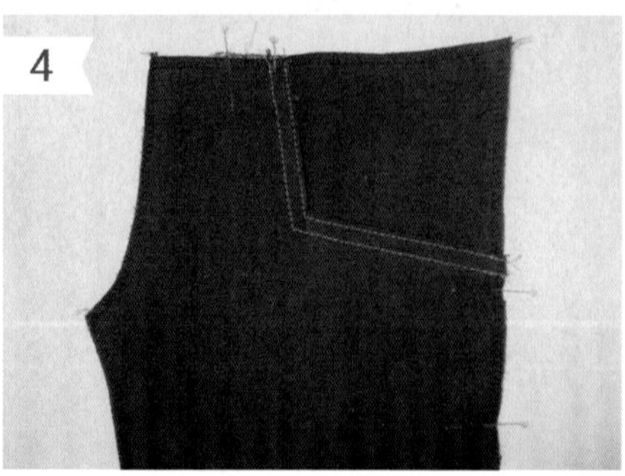
4

# Nähen

**Hinweis:** Webware muss versäubert werden, da sie sonst ausfransen kann. Am einfachsten geht dies, wenn Sie gleich nach dem Zuschneiden alle Teile ringsum mit Zickzack oder der Overlockmaschine versäubern. Nur die Ober- und Unterkanten der Knieflicken müssen nicht versäubert werden. Achten Sie beim Versäubern darauf, nichts von der Nahtzugabe abzuschneiden. Wenn Sie die typische Jeansoptik erzielen wollen, verwenden Sie ein Kontrastgarn in Hellbraun zum Absteppen.

1 Bügeln Sie die Ober- und Unterkanten der Knieflicken 1 cm breit nach links um. 1

2 Platzieren Sie die Knieflicken auf den Vorderteilen und steppen Sie die Ober- und Unterkanten knappkantig mit Kontrastgarn fest. 2

3 Legen Sie den Taschenbeutel mit Eingriff rechts auf rechts auf das Vorderteil und fixieren Sie ihn mit Stecknadeln. Nähen Sie den Taschenbeutel entlang des Eingriffs fest. 3

4 Schneiden Sie die Nahtzugabe in der Ecke ein. **Achtung:** Nicht zu nah an die Naht schneiden. Wenden Sie den Taschenbeutel auf die linke Seite des Vorderteils. Bügeln Sie den Tascheneingriff sorgfältig aus und steppen Sie die Kante 1-mal knapp und 1-mal füßchenbreit ab.

5 Legen Sie den Taschenbeutel ohne Eingriff rechts auf rechts auf den bereits angenähten Taschenbeutel und nähen Sie beide Beutel an der gebogenen Außenkante zusammen.

6 Stecken Sie die Tasche an der Oberkante an das Hosenbein und fixieren Sie die Lagen mit einer kurzen Naht mit ca. 0,5 cm Abstand zur Kante. Arbeiten Sie die 2. Tasche entsprechend. 4

7 Legen Sie die vorderen Hosenbeine rechts auf rechts aufeinander und nähen Sie die Schrittnaht. Nähen Sie die hinteren Hosenbeine entsprechend zusammen. 5

8 Bügeln Sie die Nahtzugaben jeweils zur linken Seite und steppen Sie die Nähte von rechts knappkantig mit Kontrastgarn ab. Nähen Sie die angedeutete Reißverschlussnaht auf das Vorderteil. 6

9 Legen Sie die hinteren Hosenbeine rechts auf rechts auf die vorderen. Stecken und nähen Sie die Innenbeinnähte fortlaufend an beiden Beinen.

10 Bügeln Sie die Nahtzugaben jeweils ins vordere Hosenbein und steppen Sie die Nähte von der rechten Seite aus knappkantig mit Kontrastgarn ab.

11 Legen Sie Vorder- und Hinterhose wieder rechts auf rechts aufeinander. Stecken und nähen Sie die äußeren Beinnähte. 7

12 Bügeln Sie die Nahtzugaben jeweils zum hinteren Hosenbein und steppen Sie die Nähte im oberen Bereich von rechts knappkantig mit Kontrastgarn ab.

13 Falten Sie das Bündchen links auf links zur Hälfte, sodass die Längskanten aufeinanderliegen, und bügeln Sie einen mittigen Bruch hinein. Falten Sie das Bündchen wieder auseinander und dann der Breite nach rechts auf rechts, sodass die Schmalseiten aufeinanderliegen. Nähen Sie dann das Bündchen zum Ring zusammen.

14 Legen Sie das Gummiband zum Ring, sodass sich die Enden 1 cm breit überlappen. Nähen Sie die Enden mit Zickzackstichen zusammen.

15 Nähen Sie das Taillenbündchen mit innenliegendem Gummi an die Oberkante, wie auf Seite 108 beschrieben.

16 Nähen Sie die Säume, wie auf Seite 108 beschrieben.

5

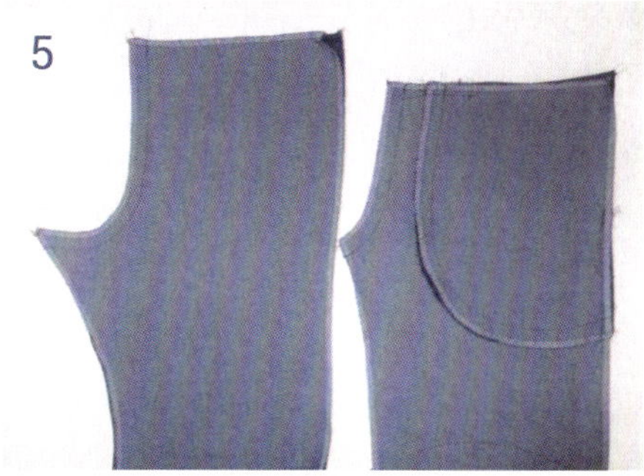

6

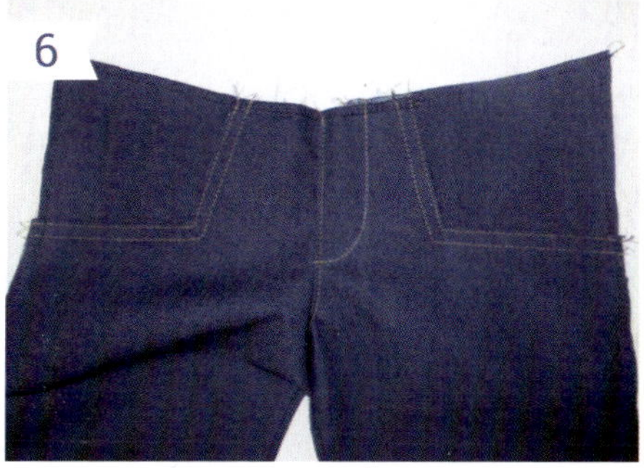

7

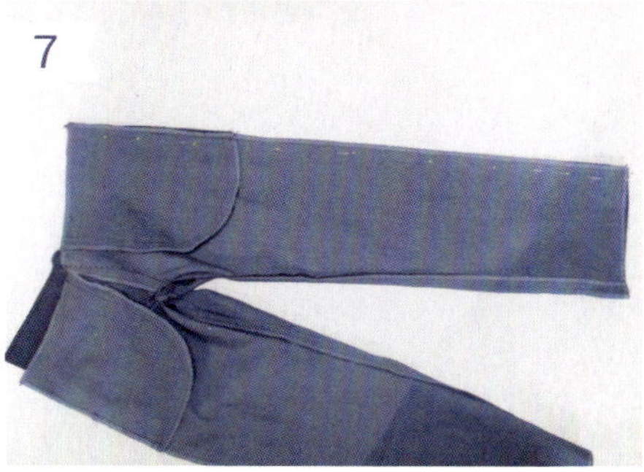

# Cordhose

Schwierigkeit: ✪✪✪✪ • Schnittteile 47 auf Bogen C, 54 und 55 auf Bogen D

**Feincord**

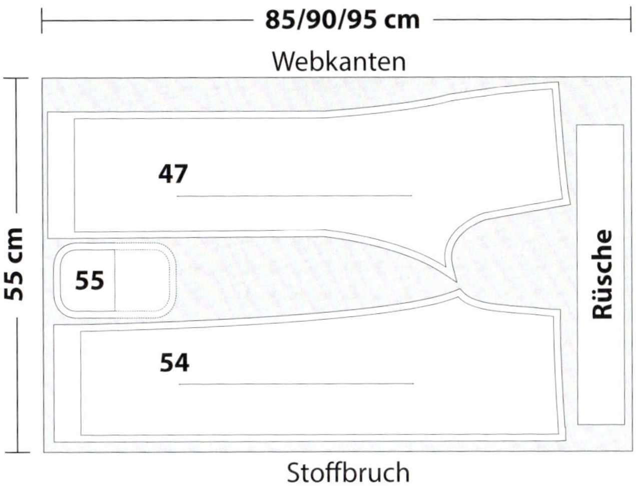


**Bündchen**

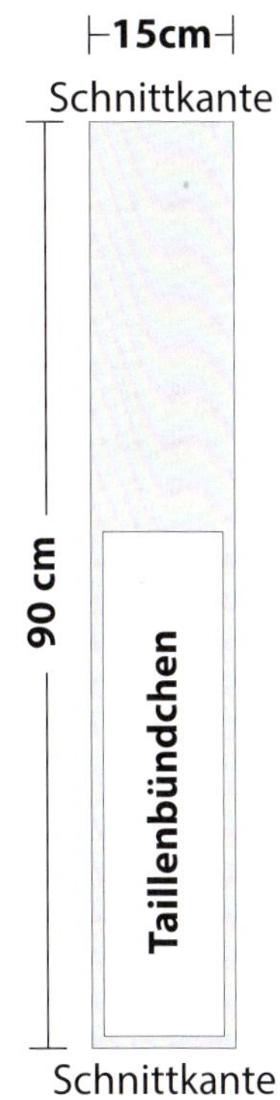

## Material

- 85/90/95 cm Feincord in Grün mit Blumenmotiven, 110 cm breit
- 15 cm Bündchenware (Schlauchware) in Grün, 90 cm breit (aufgeschnitten)
- 50 cm Gummiband, 3 cm breit
- 50 cm Gummiband, 1,5 cm breit

## Zuschneiden

Geben Sie an den Saumkanten 4 cm, an allen anderen Kanten 1 cm Nahtzugabe hinzu. Schneiden Sie die Teile so zu, wie auf den Zuschneideplänen zu sehen.

**Feincord:**

- 2-mal Schnittteil 54 (Vorderes Hosenbein)
- 2-mal Schnittteil 47 (Hinteres Hosenbein)
- 2-mal Schnittteil 55 (Taschenbeutel)
- 2 Streifen à 7 x 40/42/44 cm (Rüsche)

**Bündchenware:**

- 1 Streifen à 12 x 45/47/49 cm (Taillenbündchen)

**Gummiband:**

- 1 Stück à 45/47/49 cm vom breiten Gummiband
- 2 Stücke à 21/22/23 cm vom schmalen Gummiband

# Nähen

**Hinweis:** Webware muss versäubert werden, da sie sonst ausfransen kann. Am einfachsten geht dies, wenn Sie gleich nach dem Zuschneiden alle Teile ringsum mit Zickzack oder der Overlockmaschine versäubern. Achten Sie dabei darauf, nichts von der Nahtzugabe abzuschneiden.

1 Falten Sie die Rüsche der Länge nach rechts auf rechts und nähen Sie die kurzen Kanten zusammen. 1

2 Wenden Sie die Rüsche auf rechts und bügeln Sie sie der Länge nach zur Hälfte.

Zum Einkräuseln der Rüsche arbeiten Sie in der größten Sticheinstellung 2 Nähte parallel zu den offenen Kanten: 1-mal mit 0,5 cm, 1-mal mit 2 cm Abstand zur Kante. Die Nahtenden dabei nicht verriegeln und die Garnenden nicht abschneiden! Ziehen Sie an den Garnenden, um die Rüsche auf 20/22/22,5 cm einzukräuseln, siehe Seite 108. 2

3 Legen Sie die Rüsche mit der offenen Kante nach außen zeigend auf die rechte Seite eines Taschenzuschnitts. Heften oder stecken Sie die Rüsche ab der oberen Taschenkante (= siehe Linie im Schnitt) an den Seiten- und der Unterkante fest. 3

4 Nähen Sie die Rüsche an der Unterkante der Tasche fest.

5 Falten Sie den Taschenzuschnitt an der Taschenoberkante rechts auf rechts zur Hälfte, die Rüsche liegt dabei zwischen Vorder- und Rückseite der Tasche. Nähen Sie alles ringsum zusammen, lassen Sie an der Unterkante – da, wo Sie die Rüsche schon an die eine Taschenseite genäht haben – eine Wendeöffnung von ca. 3 bis 4 cm. Schneiden Sie die Nahtzugaben an den Seiten und den Rundungen, jedoch nicht an der Wendeöffnung, zurück. 4

6 Wenden Sie die Tasche auf rechts. Nähen Sie die offene Wendeöffnung ggf. von Hand zu. Nähen Sie die 2. Tasche entsprechend.

7 Platzieren Sie die Taschen wie im Schnitt eingezeichnet auf den vorderen Hosenbeinen und nähen Sie sie an den Seiten- und Unterkanten jeweils knappkantig fest. 5

8 Legen Sie die vorderen Hosenbeine rechts auf rechts aufeinander und nähen Sie die Schrittnaht. Nähen Sie die hinteren Hosenbeine entsprechend zusammen.

9 Legen Sie die hinteren Hosenbeine rechts auf rechts auf die vorderen. Stecken und nähen Sie die Innenbeinnähte fortlaufend an beiden Beinen.

10 Legen Sie Vorder- und Hinterhose wieder rechts auf rechts aufeinander. Stecken und nähen Sie die äußeren Beinnähte.

11 Falten Sie das Bündchen links auf links zur Hälfte, sodass die Längskanten aufeinanderliegen, und bügeln Sie einen mittigen Bruch hinein.

12 Falten Sie das Bündchen wieder auseinander und dann der Breite nach rechts auf rechts, sodass die Schmalseiten aufeinanderliegen. Nähen Sie anschließend das Bündchen zum Ring zusammen.

13 Legen Sie die Gummibandstücke jeweils zum Ring, sodass sich die Enden 1 cm breit überlappen und nähen Sie die Enden mit Zickzackstichen zusammen.

14 Nähen Sie das Taillenbündchen mit innenliegendem Gummiband (breites Gummi) an die Oberkante, wie auf Seite 108 beschrieben.

15 Nähen Sie die Hosenbeinsäume als Kante mit eingezogenem Gummiband, wie auf Seite 108 beschrieben.

PUENKTCHEN UND
Happy

PUENKTCHE
MIKA
Happy

# Empirekleid

Schwierigkeit: ✪✪✪✪ • Schnittteile 3, 9 bis 11 und 15 auf Bogen A

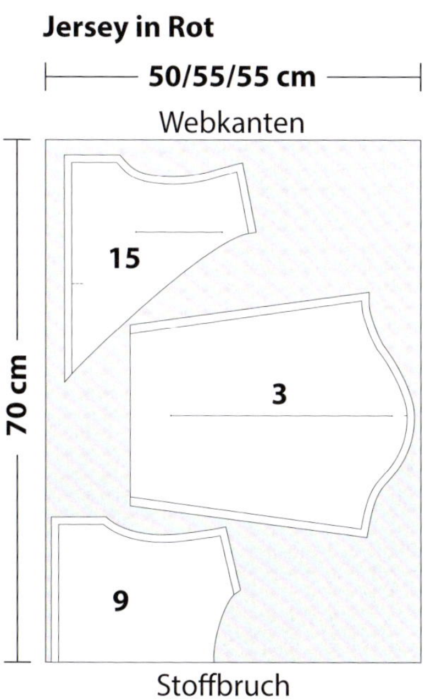


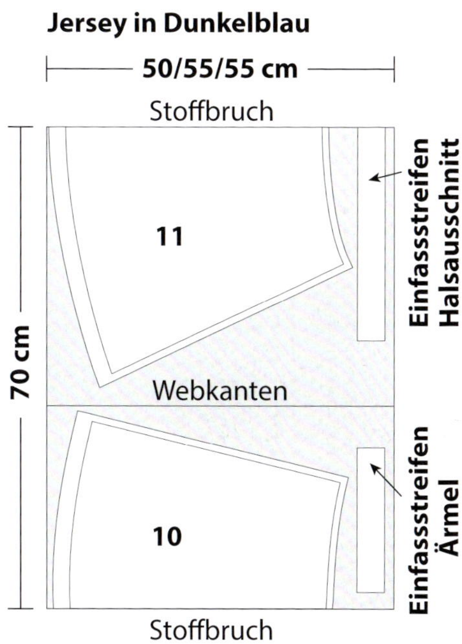


## Material

- 50/55/55 cm Baumwolljersey in Dunkelblau mit Vogelmotiven, 140 cm breit
- 50/55/55 cm Baumwolljersey in Rot mit Kreuzmotiven, 140 cm breit

## Zuschneiden

Geben Sie **keine** Nahtzugabe am Halsausschnitt und den Ärmelsäumen dazu. Geben Sie an den Saumkanten 2,5 cm und an allen anderen Kanten 1 cm Nahtzugabe hinzu. Schneiden Sie die Teile so zu, wie auf den Zuschneideplänen zu sehen.

**Baumwolljersey in Rot:**

- 2-mal Schnittteil 15 (Vorderteil)
- 1-mal Schnittteil 9 im Stoffbruch (Rückenteil)
- 2-mal Schnittteil 3 (Ärmel)

**Baumwolljersey in Dunkelblau:**

- 1-mal Schnittteil 10 im Stoffbruch (Vorderes Rockteil)
- 1-mal Schnittteil 11 im Stoffbruch (Hinteres Rockteil)
- 1 Streifen à 4 x 62/67/68 cm (Halseinfassstreifen)
- 2 Streifen à 4 x 19/20/21 cm (Ärmeleinfassstreifen)

# Nähen

**Hinweis:** Alle Nähte müssen mit einem elastischen Stich genäht werden (z. B. mit einem schmalen Zickzackstich: Stichlänge 3, Stichbreite 1). Verwenden Sie eine Jerseynadel.

1 Legen Sie Vorder- und Rückenteil an den Schultern rechts auf rechts bündig aufeinander und nähen Sie dann die Schulternähte. 1

2 Nähen Sie den Einfassstreifen rechts auf rechts an den Halsausschnitt, wie auf Seite 106 beschrieben. 2

3 Stecken Sie die Ärmel rechts auf rechts an die Armausschnitte – dabei liegt jeweils die Schultermarkierung auf der Schulternaht – und nähen Sie die Ärmel ein, wie auf Seite 108 beschrieben.

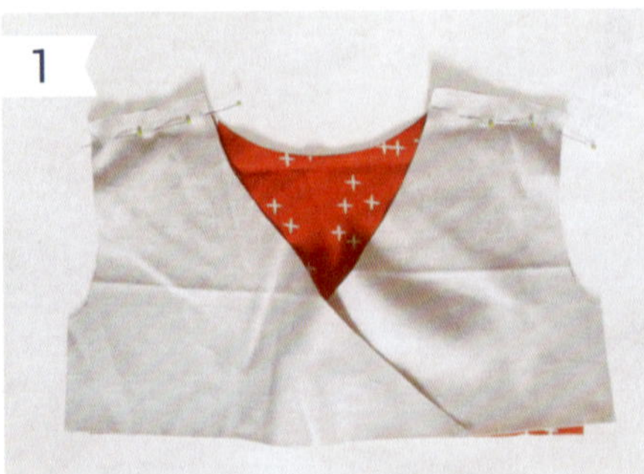
1

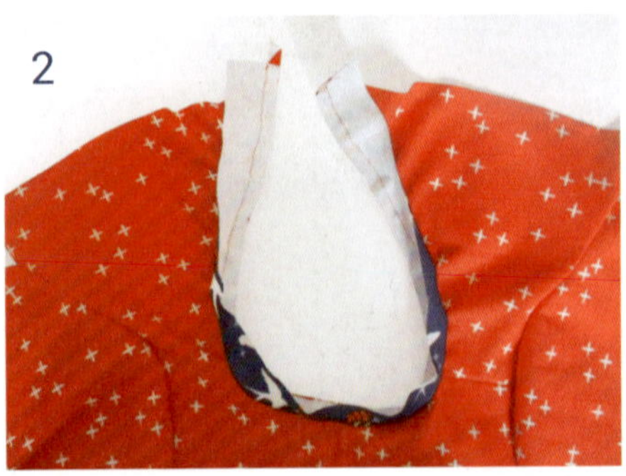
2

3

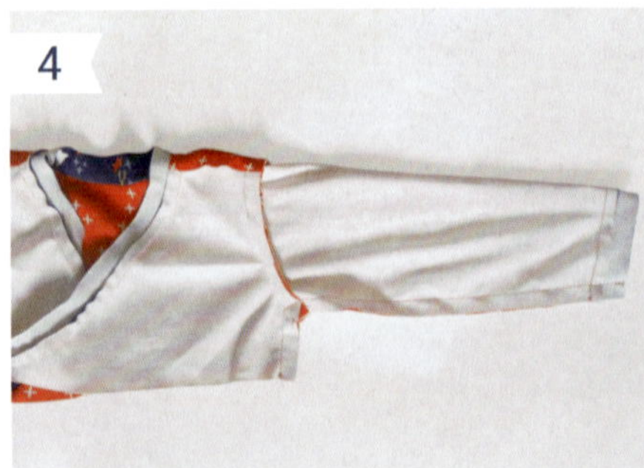
4

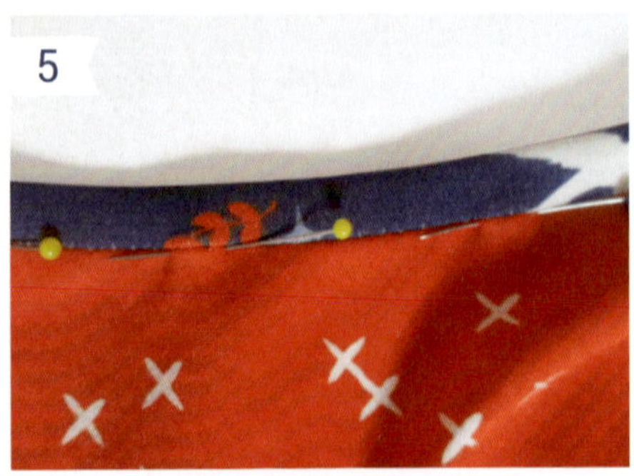
5

6

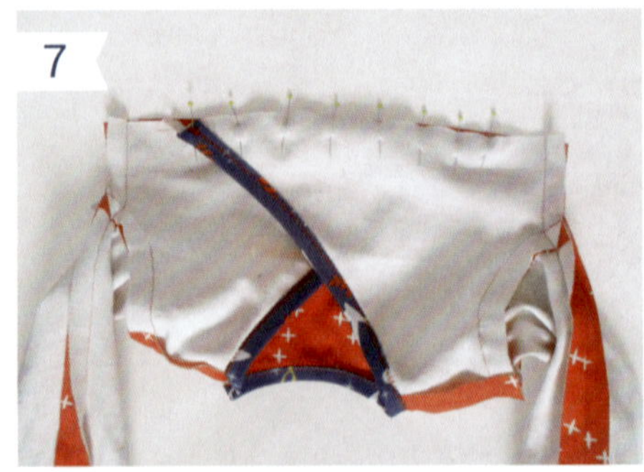
7

8

9

4 Nähen Sie die Einfassstreifen an die Ärmelsäume, wie auf Seite 106 beschrieben. 3

5 Falten Sie das Oberteil so, dass Vorder- und Rückenteil rechts auf rechts bündig aufeinanderliegen und die Ärmel zur Hälfte gefaltet sind. Schließen Sie die Ärmel- und Seitennähte jeweils fortlaufend, wie auf Seite 108 beschrieben. 4

6 Schlagen Sie nun die Einfassstreifen an Halsausschnitt und Ärmeln nach links um und nähen Sie sie mit der Zwillingsnadel fest, wie auf Seite 106 beschrieben. 5 + 6

7 Legen Sie das rechte Vorderteil über das linke. Dabei liegen die Teile rechts auf links, die vorderen Mitten liegen bündig aufeinander. Fixieren Sie die Unterkanten mit Stecknadeln aufeinander. 7

8 Legen Sie das vordere und hintere Rockteil rechts auf rechts aufeinander und nähen Sie die Seitennähte. 8

9 Legen Sie in der vorderen Mitte eine ca. 2,5 cm tiefe Quetschfalte. Ziehen Sie den Rock rechts auf rechts über das Oberteil und stecken Sie beide Teile zusammen, die Seitennähte sowie vordere und hintere Mitte liegen dabei bündig aufeinander. Falls nötig können Sie die Größe der Falte verändern, damit alles glatt aufeinanderpasst. Nähen Sie beide Teile zusammen. 9

10 Nähen Sie den Saum, wie auf Seite 108 beschrieben.

PUENKTCHEN
MIKA
Happy Birthday

# Softshellweste

Schwierigkeit: ★★★☆ • Schnittteile 20 und 21 auf Bogen D, 22 und 23 auf Bogen B

## Material

- 75/75/80 cm Softshell in Blau mit weißen Punkten, 140 cm breit
- 30 cm Bündchenware (Schlauchware) in Rot, 90 cm breit (aufgeschnitten)
- 7 Druckknöpfe in Rot, 14 mm Durchmesser
- Klammern oder Quilt Clips (statt Stecknadeln)

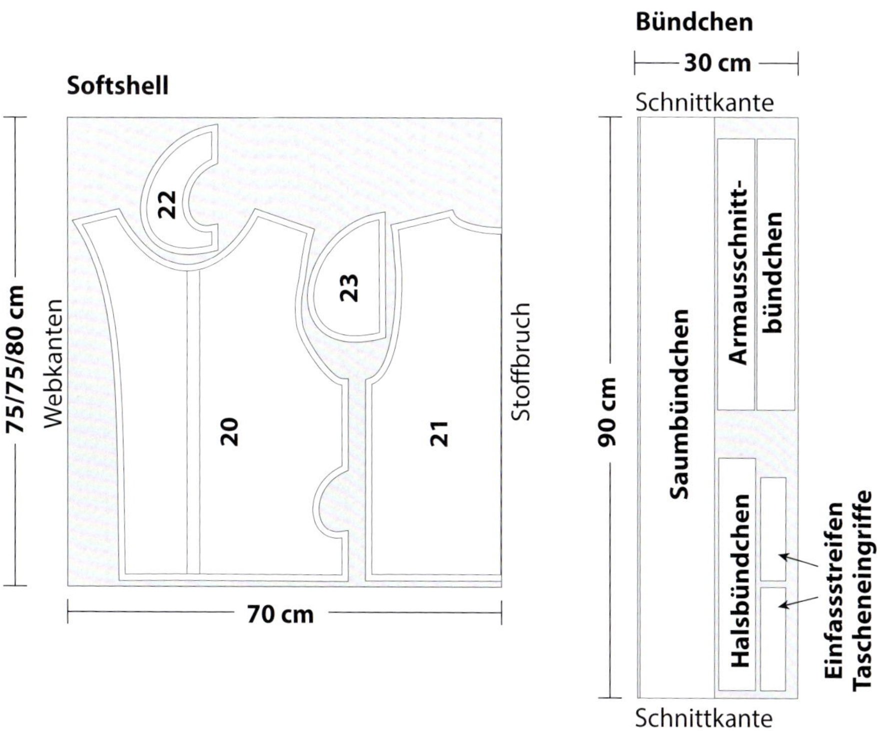


## Zuschneiden

Geben Sie an allen Kanten 1 cm Nahtzugabe hinzu. Schneiden Sie die Teile so zu, wie auf dem Zuschneideplan zu sehen.

**Softshell:**

- 2-mal Schnittteil 20 (Vorderteil)
- 1-mal Schnittteil 21 im Stoffbruch (Rückenteil)
- 2-mal Schnittteil 22 (Tasche mit Eingriff)
- 2-mal Schnittteil 23 (Tasche ohne Eingriff)

**Bündchenware:**

- 1 Streifen à 6 x 32/34/36 cm (Halsbündchen)
- 2 Streifen à 6 x 38/82/90 cm (Armausschnittbündchen)
- 2 Streifen à 12 x 76/84/92 cm (Saumbündchen)
- 2 Streifen à 4 x 14/15/16 cm (Einfassstreifen für die Tascheneingriffe)

# Nähen

**Hinweis:** Verwenden Sie eine Microtexnadel.

1 Platzieren Sie den Taschenbeutel mit Eingriff links auf links auf der Rückseite des Vorderteils und fixieren Sie ihn am Tascheneingriff mit Klammern. Falls Ihnen das die Arbeit erleichtert, sollten Sie den Tascheneingriff zusätzlich heften, siehe Seite 76.

2 Nähen Sie den Einfassstreifen gedehnt rechts auf rechts an den Tascheneingriff. Schlagen Sie dann den Streifen um die Kante zur Taschenrückseite herum und nähen Sie ihn von der Vorderseite im Schatten der Naht mit einem elastischen Geradstich (3-fach-Stich) fest, wie auf Seite 106 beschrieben.

3 Legen Sie den Taschenbeutel ohne Eingriff rechts auf rechts auf den bereits angenähten Taschenbeutel und nähen Sie beide Beutel an der gebogenen Außenkante zusammen.

4 Nun die Tasche an der Außenkante von rechts auf dem Vorderteil festnähen. Dabei verläuft die Naht auf der Nahtzugabe der Tasche. Nähen Sie die 2. Tasche entsprechend.

5 Legen Sie die Vorderteile rechts auf rechts auf das Rückenteil, sodass die Schultern bündig aufeinanderliegen, und nähen Sie die Schulternähte.

6 Bügeln Sie die Nahtzugaben ggf. vorsichtig auseinander. Nähen Sie nun von der rechten Seite aus knappkantig neben der Naht, achten Sie dabei darauf, dass die Nahtzugaben auf der Unterseite glatt auseinanderliegen. Steppen Sie auf diese Weise beide Seiten der Naht ab und gehen Sie bei der anderen Naht genauso vor.

7 Falten Sie das Halsbündchen der Länge nach links auf links zur Hälfte und runden Sie die Enden an der offenen Kante ab, wie auf dem Foto zu sehen. 1

8 Fixieren Sie das Halsbündchen rechts auf rechts entlang des Halsausschnitts, die Spitzen der abgeschrägten Enden treffen auf die vordere Mitte. Nähen Sie das Bündchen fest. 2

9 Schlagen Sie den angeschnittenen Beleg zur linken Seite um, sodass er rechts auf rechts auf dem Vorderteil liegt, das Bündchen liegt dazwischen.

10 Nähen Sie den Beleg entlang der Halsausschnittkante fest. 3

11 Legen Sie die Vorderteile und das Rückenteil rechts auf rechts aufeinander und schließen Sie die Seitennähte. Steppen Sie die Nahtzugaben ab, wie in Schritt 6 beschrieben.

12 Falten Sie das Saumbündchen der Länge nach rechts auf rechts und nähen Sie die kurzen Kanten zusammen. Wenden Sie das Bündchen auf rechts und bügeln Sie der Länge nach einen Bruch hinein, die offenen Kanten liegen dabei bündig aufeinander. 4

13 Fixieren Sie das Bündchen an der Saumkante der Weste, die offenen Kanten liegen bündig, die Enden des Bündchens treffen jeweils auf die vordere Kante der Weste. Nähen Sie das Bündchen leicht gedehnt an. 5

14 Legen Sie die Belege an der Unterkante jeweils rechts auf rechts auf die Vorderteile, das Bündchen liegt nun zwischen Weste und Belegen. Fixieren Sie die Belege an der Unterkante und nähen Sie sie fest 6.

15 Wenden Sie den Beleg an der Unterkante und am Halsausschnitt auf rechts. Am Halsausschnitt müssen Sie die Nahtzugaben eventuell einschneiden, sodass alles glatt liegt. Bügeln Sie die Nahtzugaben vorsichtig in Richtung der Weste und steppen Sie die Nahtzugaben von rechts aus knappkantig neben der Naht fest.

16 Falten Sie die Armausschnittbündchen links auf links zur Hälfte, sodass die Längskanten aufeinanderliegen, und bügeln Sie jeweils einen mittigen Bruch hinein. Falten Sie die Bündchen wieder auseinander und dann jeweils der Breite nach rechts auf rechts, sodass die Schmalseiten aufeinanderliegen. Nähen Sie dann die Bündchen jeweils zum Ring zusammen.

17 Nähen Sie die Armausschnittbündchen an die Armausschnitte, wie auf Seite 106 beschrieben.

18 Bügeln Sie die Nahtzugaben vorsichtig in Richtung der Weste und steppen Sie sie knappkantig von rechts aus ab.

19 Bügeln Sie in die Vorderteile vorsichtig jeweils einen Bruch entlang der vorderen Kante (**nicht** der vorderen Mitte!).

20 Montieren Sie entlang der vorderen Mitte (gestrichelte Linie) 7 Druckknöpfe gemäß der Herstellerangaben: den obersten Knopf mit ca. 2 cm Abstand zum Bünchenansatz, die anderen jeweils im Abstand von 6,5 cm zueinander.

1

2

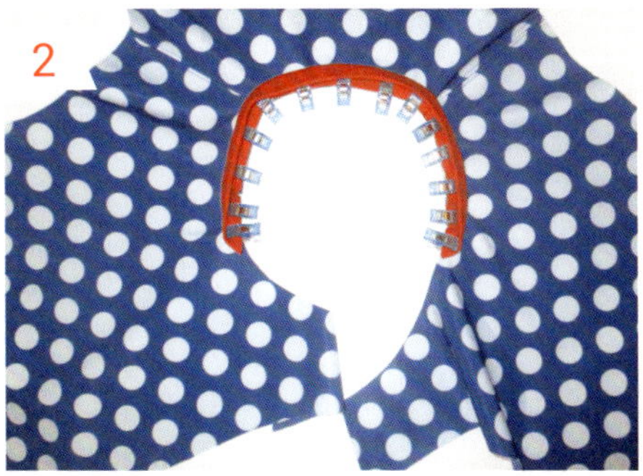

3

4

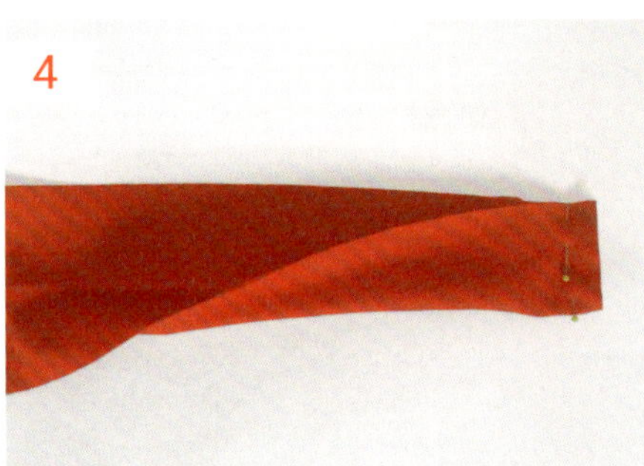

5

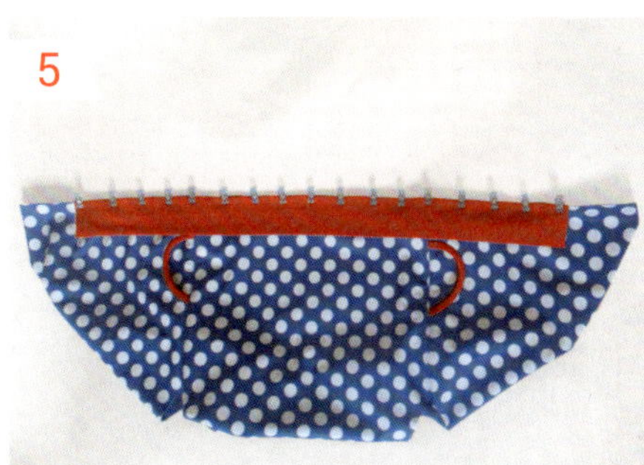

6

PUENKT
UND MIKA
Happy Birthday

# Bequeme Tunika

Schwierigkeit: ✪✪✪✪ • Schnittteile 31 bis 33 auf Bogen D

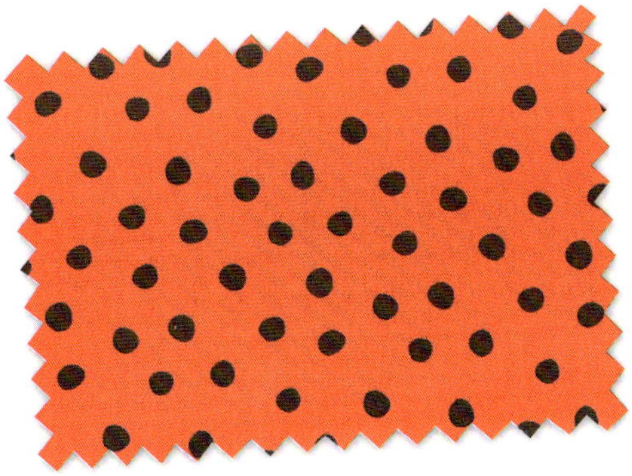

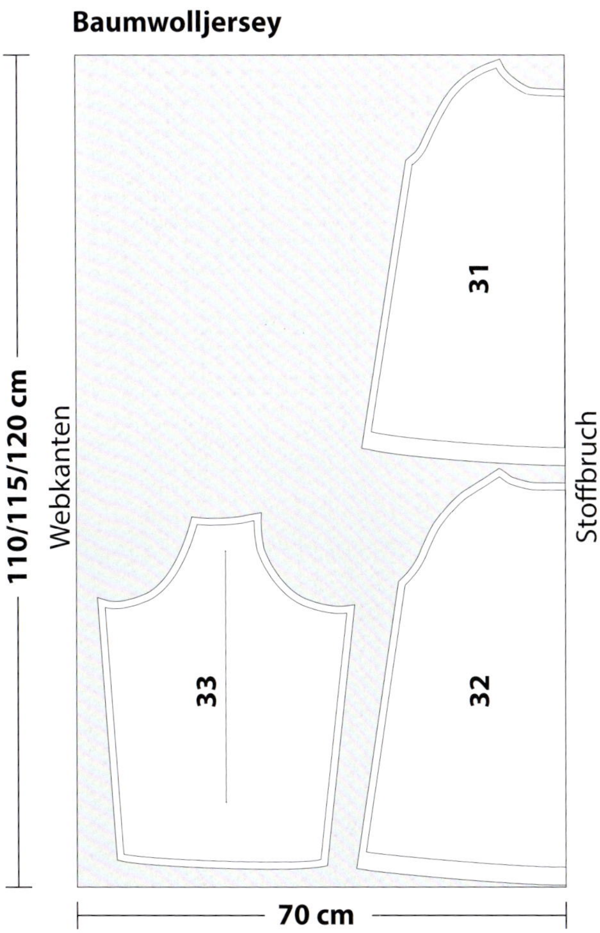


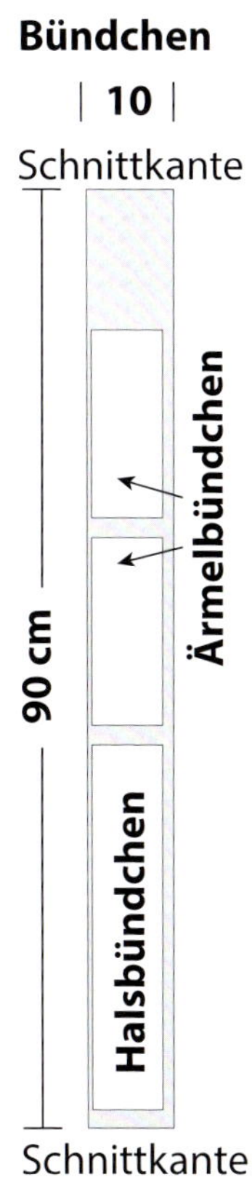


## Material

- 110/115/120 cm Baumwolljersey in Apricot mit Punkten, 140 cm breit
- 10 cm Bündchenware (Schlauchware) in Apricot, 90 cm breit (aufgeschnitten)

## Zuschneiden

Geben Sie an den Saumkanten 2,5 cm und an allen anderen Kanten 1 cm Nahtzugabe hinzu. Schneiden Sie die Teile so zu, wie auf den Zuschneideplänen zu sehen.

**Baumwolljersey:**

- 1-mal Schnittteil 31 im Stoffbruch (Vorderteil)
- 1-mal Schnittteil 32 im Stoffbruch (Rückenteil)
- 2-mal Schnittteil 33 (Ärmel)

**Bündchenware:**

- 1 Streifen à 7 x 31/33/35 cm (Halsbündchen)
- 2 Streifen à 7 x 16/17/18 cm (Ärmelbündchen)

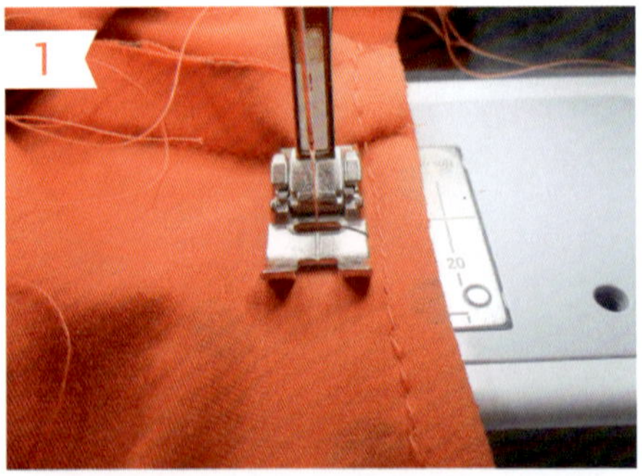

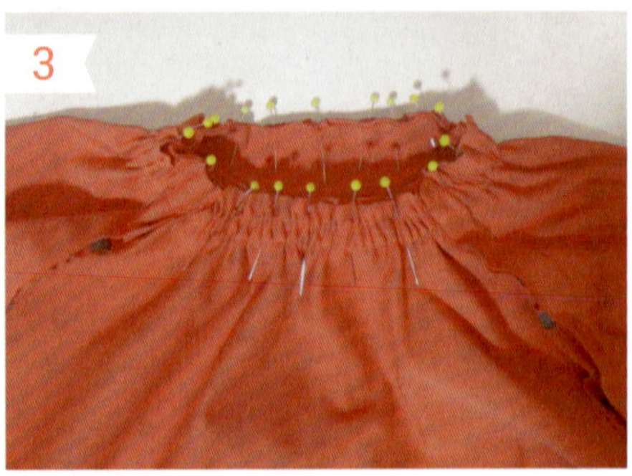


# Nähen

**Hinweis:** Alle Nähte müssen mit einem elastischen Stich genäht werden (z. B. mit einem schmalen Zickzackstich: Stichlänge 3, Stichbreite 1). Verwenden Sie eine Jerseynadel.

1 Legen Sie die Ärmelzuschnitte jeweils rechts auf rechts so auf das Vorderteil, dass die Kanten der Raglannähte bündig aufeinanderliegen. Beachten Sie dabei die Beschriftung im Schnittmuster für die vordere und hintere Ärmelkante. Stecken und nähen Sie die Teile aneinander.

2 Nun nähen Sie die Ärmel entsprechend an das Rückenteil, indem Sie auch hier die Raglannähte rechts auf rechts schließen.

3 Falten Sie die Tunika so, dass Vorder- und Rückenteil rechts auf rechts bündig aufeinanderliegen und die Ärmel zur Hälfte gefaltet sind. Schließen Sie die Ärmel- und Seitennähte jeweils fortlaufend, wie auf Seite 108 beschrieben.

4 Zum Einkräuseln des Halsausschnitts und der Ärmelsäume nähen Sie jeweils 2-mal in der größten Sticheinstellung parallel rundum an den Kanten entlang: 1-mal mit 0,5 cm, 1-mal mit 2 cm Abstand zur Kante. Die Nahtenden nicht verriegeln und die Garnenden nicht abschneiden! 1 + 2

5 Ziehen Sie an den Garnenden, um den Halsausschnitt auf 35/38/39 cm und die Ärmelsäume auf 18/19/20 cm einzukräuseln, siehe Seite 108.

6 Falten Sie die Bündchen links auf links zur Hälfte, sodass die Längskanten aufeinanderliegen, und bügeln Sie einen mittigen Bruch hinein. Anschließend falten Sie die Bündchen wieder auseinander und dann jeweils der Breite nach rechts auf rechts, sodass die Schmalseiten aufeinanderliegen. Nähen Sie die Bündchen jeweils zum Ring zusammen.

7 Nähen Sie die Bündchen an den Halsausschnitt und die Ärmelsäume, wie auf Seite 106 beschrieben. 3

8 Nähen Sie den Tunikasaum, wie auf Seite 108 beschrieben.

# Strickrock

Schwierigkeit: ✪✪✪✪ • Schnittteile 41, 56 und 57 auf Bogen B
Bild und Anleitung auf Seite 76 & 77

## Material

- 60/60/65 cm Baumwoll-strickjacquard in Weinrot mit Diamantmotiven, 140 cm breit
- 55 cm Gummiband, 2 cm breit

## Zuschneiden

Geben Sie **keine** Nahtzugabe an den Tascheneingriffen dazu, an den Saumkanten 2,5 cm und an allen anderen Kanten 1 cm. Schneiden Sie die Teile so zu, wie auf dem Zuschneideplan zu sehen.

**Jacquard:**

- 1-mal Schnittteil 41 im Stoffbruch, Tascheneingriffe ausgeschnitten (Vorderteil)
- 1-mal Schnittteil 41 im Stoffbruch (Rückenteil)
- 2-mal Schnittteil 56 (Taschenbeutel mit Eingriff)
- 2-mal Schnittteil 57 (Taschenbeutel ohne Eingriff)
- 1 Streifen à 9 x 51/52/54 cm (Taillenbündchen)
- 2 Streifen à 4 x 19/20/21 cm (Einfassstreifen Tascheneingriff)

**Gummiband:**

- 1 Stück à 45/47/49 cm (besser noch: Messen Sie den Taillenumfang des Kindes, ziehen Sie von diesem Maß 4 cm ab und schneiden Sie das Gummiband entsprechend zu.)

# Nähen

**Hinweis:** Alle Nähte müssen mit einem elastischen Stich genäht werden (z.B. mit einem schmalen Zickzackstich: Stichlänge 3, Stichbreite 1). Verwenden Sie eine Jerseynadel.
Feinstrick muss versäubert werden, da er Laufmaschen bilden kann, verwenden Sie dazu einen breiten Zickzackstich (Stichlänge 4, Stichbreite 4) oder den Overlockstich Ihrer Nähmaschine. Falls Sie eine Overlockmaschine zur Verfügung haben, sollten Sie das Material mit dieser Maschine verarbeiten.

1 Legen Sie den Taschenbeutel mit Eingriff links auf links auf die Rückseite des Vorderteils und fixieren Sie ihn mit Stecknadeln. Falls Ihnen das die Arbeit erleichtert, sollten Sie den Tascheneingriff zusätzlich heften. 1

2 Nähen Sie den Einfassstreifen gedehnt rechts auf rechts an den Tascheneingriff. Schlagen Sie dann den Streifen um die Kante zur Taschenrückseite herum und nähen Sie ihn von der Vorderseite im Schatten der Naht mit einem elastischen Geradstich (3-fach-Stich) fest, wie auf Seite 106 beschrieben. 2 + 3

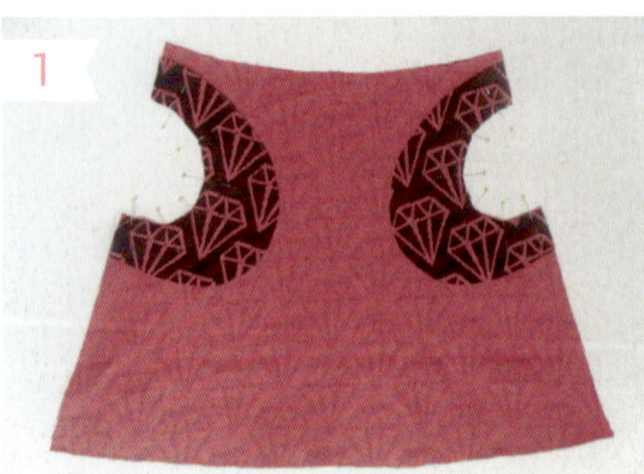


3 Legen Sie den Taschenbeutel ohne Eingriff rechts auf rechts auf den bereits angenähten Taschenbeutel und nähen Sie beide Beutel an der gebogenen Außenkante zusammen. 4 + 5

4 Nun die Tasche an der Außenkante von rechts auf dem Vorderteil festnähen. Dabei verläuft die Naht auf der Nahtzugabe der Tasche. Nähen Sie die 2. Tasche netsprechend.

5 Legen Sie Rücken- und Vorderteil rechts auf rechts aufeinander und nähen Sie die Seitennähte zusammen, siehe Seite 66.

6 Falten Sie das Bündchen links auf links zur Hälfte, sodass die Längskanten aufeinanderliegen, und bügeln Sie einen mittigen Bruch hinein. Falten Sie das Bündchen wieder auseinander und dann der Breite nach rechts auf rechts, sodass die Schmalseiten aufeinanderliegen. Nähen Sie es zum Ring zusammen.

7 Legen Sie das Gummiband zum Ring, sodass sich die Enden 1 cm breit überlappen. Nähen Sie die Enden mit Zickzackstichen zusammen.

8 Nähen Sie das Taillenbündchen mit innenliegendem Gummi an die Oberkante, wie auf Seite 108 beschrieben.

9 Nähen Sie den unteren Saum, wie auf Seite 108 beschrieben.

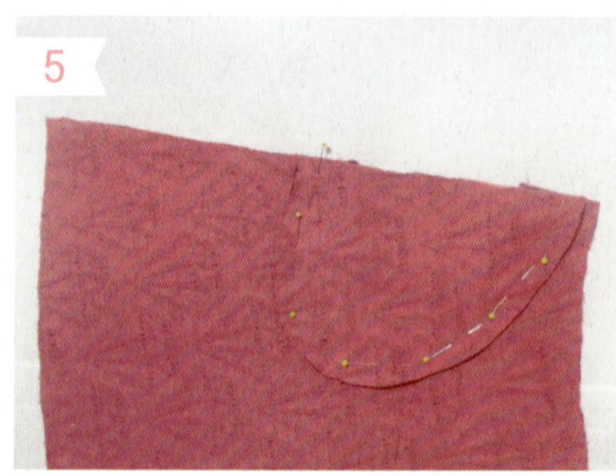

# Fröhlich und schräg

Schwierigkeit: ✪✪✪✪ • Schnittteile 3, 6 und 7 auf Bogen A

## Material

- 95/95/100 cm Baumwolljersey in Mint und Weiß, diagonal gestreift, 140 cm breit

**Optional:**

- Plotter
- Flockfolie in Rot, DIN A4
- Backpapier

## Zuschneiden

Geben Sie an den Saumkanten und Ärmelsaumkanten 2,5 cm und an allen anderen Kanten 1 cm Nahtzugabe hinzu. Schneiden Sie die Teile so zu, wie auf dem Zuschneideplan zu sehen.

**Jersey:**

- 1-mal Schnittteil 6 im Stoffbruch (Vorderteil)
- 1-mal Schnittteil 7 im Stoffbruch (Rückenteil)
- 2-mal Schnittteil 3 (Ärmel)
- 1 Streifen à 7 x 35/37/39 cm (Halsbündchen)

# Nähen

**Hinweis:** Alle Nähte müssen mit einem elastischen Stich genäht werden (z. B. mit einem schmalen Zickzackstich: Stichlänge 3, Stichbreite 1). Verwenden Sie eine Jerseynadel.

1 Legen Sie Vorder- und Rückenteil an den Schultern rechts auf rechts bündig aufeinander und nähen Sie dann die Schulternähte.

2 Stecken Sie die Ärmel rechts auf rechts an die Armausschnitte – dabei liegt jeweils die Schultermarkierung auf der Schulternaht – und nähen Sie die Ärmel ein, wie auf Seite 108 beschrieben.

3 Falten Sie den Pullover so, dass Vorder- und Rückenteil rechts auf rechts bündig aufeinanderliegen und die Ärmel zur Hälfte gefaltet sind. Schließen Sie die Ärmel- und Seitennähte jeweils fortlaufend, wie auf Seite 108 beschrieben.

4 Falten Sie das Halsbündchen links auf links zur Hälfte, sodass die Längskanten aufeinanderliegen, und bügeln Sie einen mittigen Bruch hinein. Falten Sie das Bündchen wieder auseinander und dann der Breite nach rechts auf rechts, sodass die Schmalseiten aufeinanderliegen. Nähen Sie es zum Ring zusammen.

5 Nähen Sie das Halsbündchen an den Halsausschnitt, wie auf Seite 106 beschrieben.

6 Nähen Sie den unteren Saum und die Ärmelsäume, wie auf Seite 108 beschrieben.

7 Laden Sie die Plotterdatei für das Einhornmotiv auf Ihren Rechner und öffnen Sie es in Ihrem Plotterprogramm. Plotten Sie das Motiv gemäß der Bedienungsanleitung Ihres Plotters aus der Flexfolie.

8 Schneiden Sie das Motiv großzügig aus und entgittern Sie es (= ziehen Sie die nicht benötigten Teile der Folie ab).

9 Platzieren Sie das Einhornmotiv mit der Trägerfolie nach oben zeigend auf der rechten Seite des Pullovervorderteils. Legen Sie ein ausreichend großes Stück Backpapier darüber. Fixieren Sie das Motiv mithilfe eines Bügeleisens oder einer Transferpresse den Herstellerangaben entsprechend.

10 Ziehen Sie nach dem Auskühlen die Trägerfolie ab.

## Plotten – Tipps für Anfänger:

Machen Sie vor dem Plotten des eigentlichen Motivs immer einen Testschnitt: Plotten Sie in einer Ecke der Folie ein kleines Motiv. (Wie wäre es mit einem Größenetikett?) Kontrollieren Sie, ob das Gerät korrekt geschnitten hat, bevor Sie das Hauptmotiv ausplotten.
Wenn Sie sich unsicher bezüglich der Dimensionen sind, plotten Sie das Motiv erst einmal aus Papier. Wechseln Sie dafür ggf. das Messer, da es vorteilhaft ist, für Folien und Papier verschiedene Messer zu verwenden. Legen Sie das „Probemotiv" auf das Kleidungsstück und testen Sie, ob es Ihnen so gefällt.
Achten Sie darauf, dass Sie beim Aufbügeln oder Aufpressen des Motivs immer Backpapier oder eine geeignete Abdeckfolie über das Motiv legen. Beim Aufbügeln kann es nötig sein, sich mit dem ganzen Körpergewicht auf das Bügeleisen zu stemmen, um eine optimale Verbindung des Motivs mit dem Textil zu erreichen. Bügeln Sie darum nur auf einer sehr stabilen Unterlage.

# Glitzer geht immer!

Schwierigkeit: ✪✪✪✪ • Schnittteile 5 und 8 bis 11 auf Bogen A

## Material

- 100/105/110 cm Sommersweat in Rosa mit Dreiecksmotiven, 140 cm breit

## Zuschneiden

Geben Sie an den Saumkanten 2,5 cm und an allen anderen Kanten 1 cm Nahtzugabe hinzu. Schneiden Sie die Teile so zu, wie auf dem Zuschneideplan zu sehen.

**Sommersweat in Rosa:**

- 1-mal Schnittteil 8 im Stoffbruch (Vorderteil)
- 1-mal Schnittteil 9 im Stoffbruch (Rückenteil)
- 1-mal Schnittteil 10 im Stoffbruch (vorderes Rockteil)
- 1-mal Schnittteil 11 im Stoffbruch (hinteres Rockteil)
- 2-mal Schnittteil 5 (Ärmel)
- 1 Streifen à 7 x 31/33/35 cm (Halsbündchen)
- 2 Streifen à 7 x 16/17/18 cm (Ärmelbündchen)

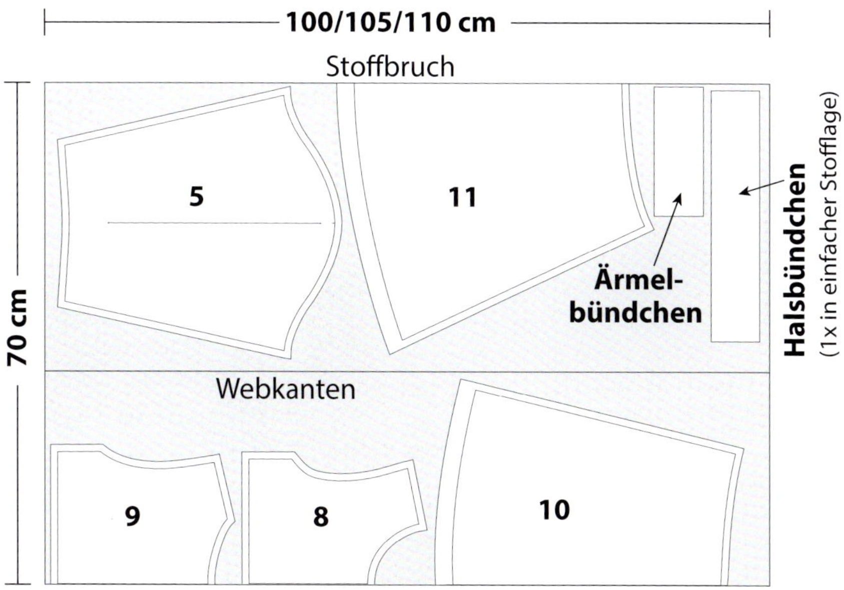

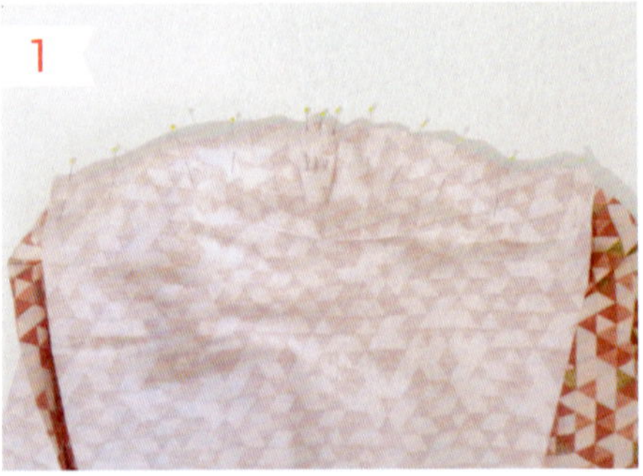


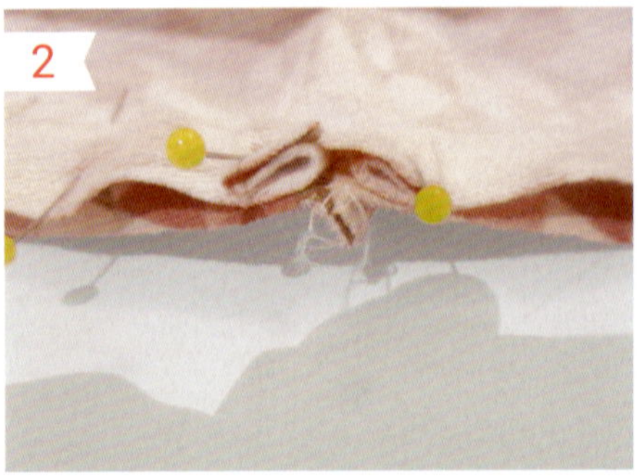


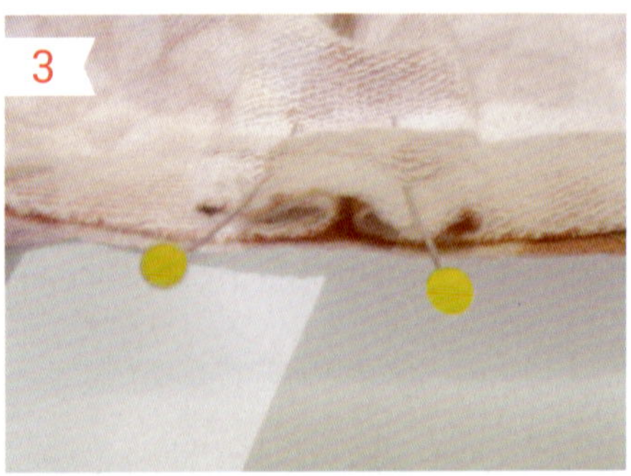


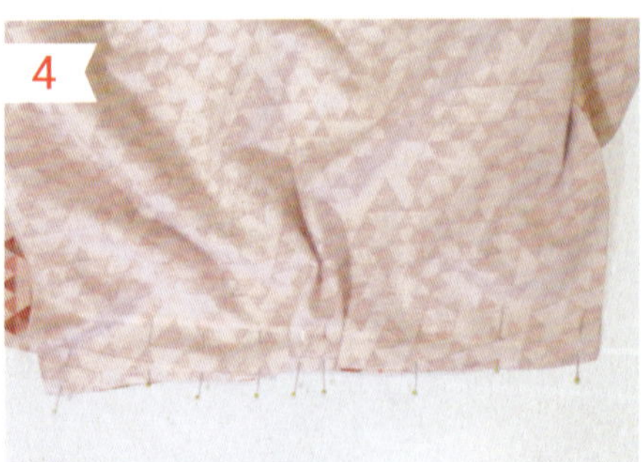


# Nähen

**Hinweis:** Alle Nähte müssen mit einem elastischen Stich genäht werden (z. B. mit einem schmalen Zickzackstich: Stichlänge 3, Stichbreite 1). Verwenden Sie eine Jerseynadel.

1 Legen Sie Vorder- und Rückenteil an den Schultern rechts auf rechts bündig aufeinander und nähen Sie dann die Schulternähte.

2 Stecken Sie die Ärmel rechts auf rechts an die Armausschnitte, dabei fixieren Sie jeweils den Ärmel mit der Schultermarkierung auf der Schulternaht. Stecken Sie dann von den Seiten ausgehend den Ärmel zur Mitte hin fest und legen Sie zum Schluss an der Schulter die überschüssige Weite in eine Quetschfalte, wie auf dem Foto zu sehen. Nähen Sie die Ärmel ein, wie auf Seite 108 beschrieben. 1 + 2

3 Stecken Sie die Oberkante des vorderen Rockteils rechts auf rechts an die Unterkante des Vorderteils. Gehen Sie dabei genauso vor wie bei den Ärmeln: Fixieren Sie Mitte auf Mitte, stecken Sie ausgehend von den Seiten die Teile zusammen und legen Sie die überschüssige Weite das vorderen Rockteils in der Mitte zu einer Quetschfalte. Nähen Sie die Teile zusammen. 3 + 4

4 Stecken Sie das Rückenteil und hintere Rockteil entsprechend rechts auf rechts aufeinander und nähen Sie die Teile zusammen.

5 Falten Sie das Kleid so, dass Vorder- und Rückenteil rechts auf rechts bündig aufeinanderliegen und die Ärmel zur Hälfte gefaltet sind. Schließen Sie die Ärmel- und Seitennähte jeweils fortlaufend, wie auf Seite 108 beschrieben.

6 Falten Sie alle Bündchen links auf links zur Hälfte, sodass die Längskanten aufeinanderliegen, und bügeln Sie einen mittigen Bruch hinein. Falten Sie die Bündchen wieder auseinander und dann jeweils der Breite nach rechts auf rechts, sodass die Schmalseiten aufeinanderliegen. Nähen Sie die Bündchen jeweils zum Ring zusammen.

7 Nähen Sie die Ärmelbündchen an die Unterkanten der Ärmel, wie auf Seite 106 beschrieben.

8 Nähen Sie das Halsbündchen an den Halsausschnitt, wie auf Seite 106 beschrieben.

9 Bügeln Sie die Nahtzugaben der Bündchen von den Bündchen weg und nähen Sie die Nahtzugaben mit einem elastischen Geradstich (z. B. mit der Zwillingsnadel) von der rechten Seite aus knappkantig fest. Mit der Zwillingsnadel können Sie genau über der Ansatznaht nähen, siehe auch Seite 26. Achten Sie bei der Verwendung einer Zwillingsnadel darauf, dass die Sticheinstellung wieder auf Geradstich eingestellt ist. Ist noch der Zickzackstich eingestellt, kann die Zwillingsnadel brechen.

10 Nähen Sie den Saum, wie auf Seite 108 beschrieben.

# Schwarz/Weiß

Schwierigkeit: ✪✪✪✪ • Schnittteile 2 bis 4a–c auf Bogen A

**Sommersweat in Schwarz**

**Sommersweat in Weiß**

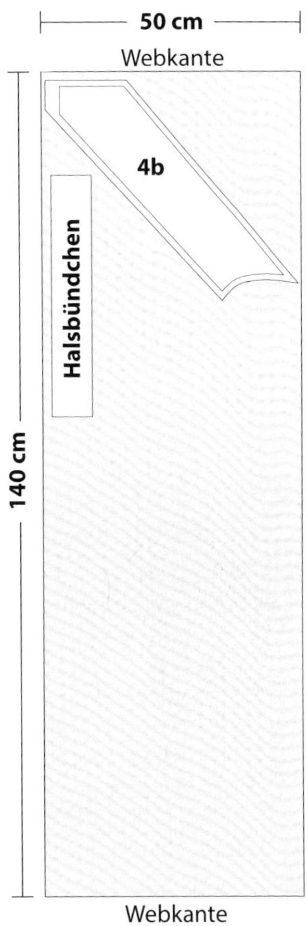


## Material

• 90/95/100 cm Sommersweat in Schwarz mit weißen Motiven, 140 cm breit
• 50 cm Sommersweat in Weiß mit schwarzen Motiven, 140 cm breit

## Zuschneiden

Geben Sie an den Saumkanten und Ärmelsaumkanten 2,5 cm und an allen anderen Kanten 1 cm Nahtzugabe hinzu. Schneiden Sie die Teile so zu, wie auf den Zuschneideplänen zu sehen.

Sommersweat in Schwarz:

• 1-mal Schnittteil 4a (oberes Vorderteil)
• 1-mal Schnittteil 4c (unteres Vorderteil)
• 1-mal Schnittteil 2 im Stoffbruch (Rückenteil)
• 2-mal Schnittteil 3 (Ärmel)

Sommersweat in Weiß:

• 1-mal Schnittteil 4b (mittleres Vorderteil)
• 1 Streifen à 7 x 37/39/41 cm (Halsbündchen)

1

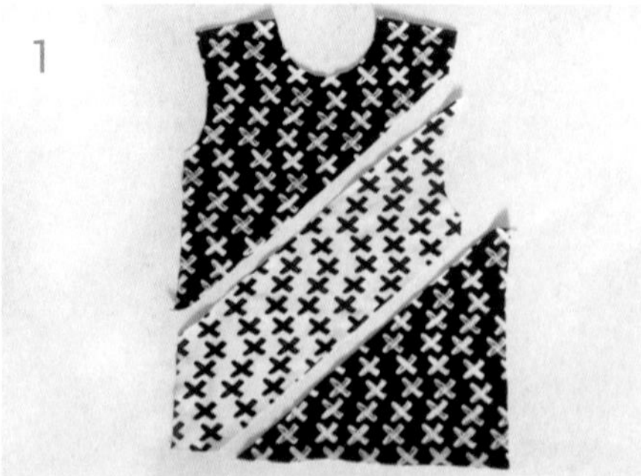

2

3

# Nähen

**Hinweis:** Alle Nähte müssen mit einem elastischen Stich genäht werden (z. B. mit einem schmalen Zickzackstich: Stichlänge 3, Stichbreite 1). Verwenden Sie eine Jerseynadel.

1 Legen Sie alle drei Zuschnitte für das Vorderteil mit der rechten Seite nach oben zeigend aus. 1

2 Legen Sie das obere Vorderteil rechts auf rechts bündig auf das mittlere Vorderteil und schließen Sie die diagonale Teilungsnaht. 2

3 Legen Sie das untere Vorderteil rechts auf rechts bündig auf das mittlere Vorderteil und nähen Sie auch hier die diagonale Teilungsnaht. 3

4 Legen Sie Vorder- und Rückenteil an den Schultern rechts auf rechts bündig aufeinander und nähen Sie dann die Schulternähte.

5 Stecken Sie die Ärmel rechts auf rechts an die Armausschnitte – dabei liegt jeweils die Schultermarkierung auf der Schulternaht – und nähen Sie die Ärmel ein, wie auf Seite 108 beschrieben.

6 Falten Sie den Pullover so, dass Vorder- und Rückenteil rechts auf rechts bündig aufeinanderliegen und die Ärmel zur Hälfte gefaltet sind. Nähen Sie fortlaufend die Ärmel- und Seitennähte, siehe Seite 108.

7 Falten Sie das Halsbündchen links auf links zur Hälfte, sodass die Längskanten aufeinanderliegen, und bügeln Sie einen mittigen Bruch hinein. Falten Sie das Bündchen wieder auseinander und dann der Breite nach rechts auf rechts, sodass die Schmalseiten aufeinanderliegen, und nähen Sie es zum Ring zusammen. Nähen Sie das Bündchen an den Halsausschnitt, wie auf Seite 106 beschrieben.

8 Nähen Sie den unteren Saum und die Ärmelsäume, wie auf Seite 108 beschrieben.

## Tipp: „Patchwork" mit Jersey und Co.

Im schrägen Fadenlauf (= diagonal) zugeschnittene Stücke aneinanderzunähen, kann eine Herausforderung sein, da sie sich leicht verziehen. Es kann helfen, einen schmalen Streifen dünne Bügeleinlage auf die linke Seite der Nahtzugabe aufzubügeln, um das Verziehen zu verhindern. Bei sehr heiklen Stoffen können Sie jeweils ein Stück Framilon (durchsichtiges Gummiband) in der exakten Länge der Schnittkante zuschneiden und unter leichtem Zug mit großer Sticheinstellung auf die Nahtzugaben aufheften, bevor Sie die Teile zusammennähen.
Wenn Sie eine Overlockmaschine zur Verfügung haben und damit arbeiten, probieren Sie erst mit Reststücken die optimale Einstellung des Differentialtransports aus.

# Klee zum Kuscheln

Schwierigkeit: ★★☆☆ • Schnittteile 1, 2 und 5 auf Bogen A

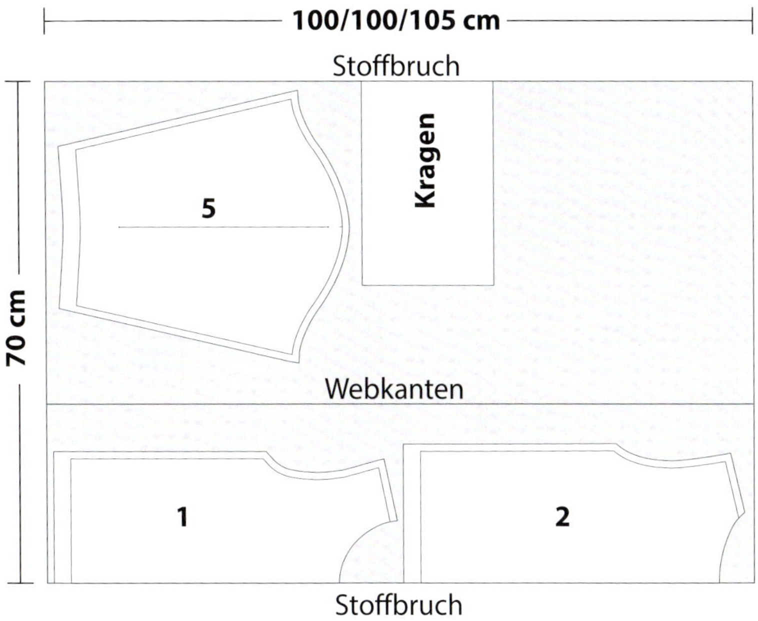

## Material

- 100/100/105 cm Jersey in Gelb mit Kleemotiven, 140 cm breit
- 30 cm Jersey in Weiß, 140 cm breit

## Zuschneiden

Geben Sie am Halsausschnitt **keine** Nahtzugabe dazu. An den Saumkanten und Ärmelsaumkanten geben Sie 2,5 cm und an allen anderen Kanten 1 cm Nahtzugabe hinzu. Schneiden Sie die Teile aus dem gelben Jersey so zu, wie auf dem Zuschneideplan zu sehen.

**Jersey in Gelb:**

- 1-mal Schnittteil 1 im Stoffbruch (Vorderteil)
- 1-mal Schnittteil 2 im Stoffbruch (Rückenteil)
- 2-mal Schnittteil 5 (Ärmel)
- 1 Streifen à 19 x 50/52/57 cm (Kragen)

**Jersey in Weiß:**

- 1 Streifen à 19 x 50/52/57 cm (Kragen)

# Nähen

**Hinweis:** Alle Nähte müssen mit einem elastischen Stich genäht werden (z. B. mit einem schmalen Zickzackstich: Stichlänge 3, Stichbreite 1). Verwenden Sie eine Jerseynadel.

1 Legen Sie Vorder- und Rückenteil an den Schultern rechts auf rechts bündig aufeinander und nähen Sie dann die Schulternähte.

2 Machen Sie auf der Armkugel des Ärmels jeweils links und rechts im Abstand von 8 cm zur Schultermarkierung eine Markierung. Zum Einkräuseln der Armkugel nähen Sie zwischen diesen beiden Markierungen 2-mal parallel entlang der Kante in der größten Sticheinstellung: 1-mal mit 0,5 cm, 1-mal mit 2 cm Abstand zur Kante. Die Nahtenden nicht verriegeln und die Garnenden nicht abschneiden! Ziehen Sie an den Garnenden, um die Armkugel einzukräuseln, siehe Seite 108. 1

3 Stecken Sie die Ärmel rechts auf rechts an die Armausschnitte – dabei liegt jeweils die Schultermarkierung auf der Schulternaht – und kräuseln Sie die Armkugeln soweit ein, dass sie an die Armausschnitte passen. Nähen Sie die Ärmel ein, wie auf Seite 108 beschrieben. Entfernen Sie anschließend die Kräuselfäden. 2

4 Legen Sie die beiden Kragenzuschnitte rechts auf rechts aufeinander und nähen Sie eine lange Seite zusammen. Bügeln Sie die Nahtzugaben auseinander. 3

5 Falten Sie den Kragen der Breite nach rechts auf rechts, sodass die Schmalseiten aufeinanderliegen, und schließen Sie ihn zum Schlauch. Achten Sie dabei darauf, dass die Nähte in der Seitenmitte genau aufeinandertreffen. 4

6 Wenden Sie den gelben Kragenteil nach außen, sodass der gelbe und weiße Teil (= Futter) links auf links aufeinanderliegen. Nähen Sie den Kragen wie ein Bündchen an den Halsausschnitt. Eine genaue Beschreibung dazu finden Sie auf Seite 106. 5 + 6

7 Falten Sie den Pullover so, dass Vorder- und Rückenteil rechts auf rechts bündig aufeinanderliegen und die Ärmel zur Hälfte gefaltet sind. Nähen Sie jeweils fortlaufend die Ärmel- und Seitennähte, siehe Seite 108.

8 Nähen Sie den unteren Saum und die Ärmelsäume, wie auf Seite 108 beschrieben.

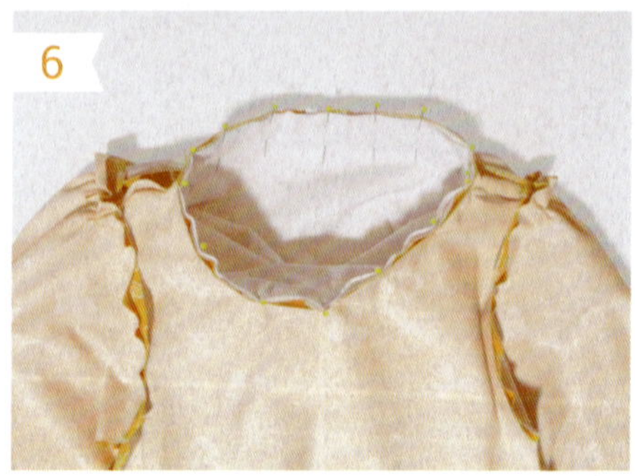

# Ballonrock

Schwierigkeit: ★☆☆☆ • Schnittteil 41 auf Bogen B

## Nähen

**Hinweis:** Alle Nähte müssen mit einem elastischen Stich genäht werden (z. B. mit einem schmalen Zickzackstich: Stichlänge 3, Stichbreite 1). Verwenden Sie eine Jerseynadel.

1 Legen Sie Rücken- und Vorderteil rechts auf rechts aufeinander und nähen Sie die Seitennähte zusammen.

2 Falten Sie die Bündchen links auf links zur Hälfte, sodass die Längskanten aufeinanderliegen, und bügeln Sie jeweils einen mittigen Bruch hinein. Falten Sie die Bündchen wieder auseinander und dann jeweils der Breite nach rechts auf rechts, sodass die Schmalseiten aufeinanderliegen. Nähen Sie die Bündchen jeweils zum Ring zusammen.

3 Nähen Sie das Taillenbündchen an die Oberkante, wie auf Seite 106 beschrieben.

4 Nähen Sie das Saumbündchen an die Unterkante, wie auf Seite 106 beschrieben.

**Jersey**

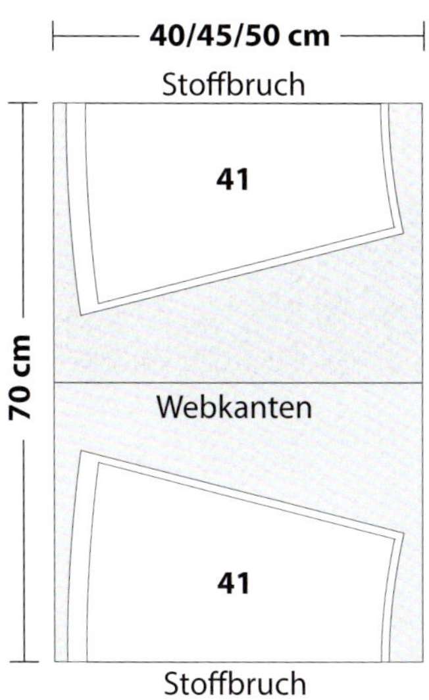


**Bündchen**

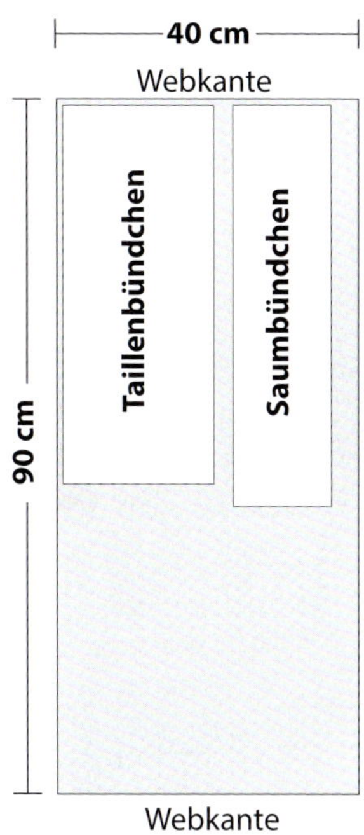


## Material

• 40/45/50 cm Baumwolljersey in Mintgrün mit geometrischem Muster, 140 cm breit
• 40 cm Bündchenware (Schlauchware) in Schwarz, 90 cm breit (aufgeschnitten)

## Zuschneiden

Geben Sie an allen Kanten 1 cm Nahtzugabe hinzu. Schneiden Sie die Teile so zu, wie auf den Zuschneideplänen zu sehen.

Baumwolljersey:

• 2-mal Schnittteil 41 im Stoffbruch, (Vorder- und Rückenteil, beide Teile ohne Tascheneingriffe zuschneiden)

Bündchenware in Schwarz:

• 1 Streifen à 20 x 45/47/49 cm (Taillenbündchen)
• 1 Streifen à 13 x 48/50/52 cm (Saumbündchen)

# Leggings

Schwierigkeit: ★☆☆☆ • Schnittteil 42 auf Bogen A

## Material

• 70/75/75 cm Baumwolljersey in Lila mit geometrischen Motiven, 140 cm breit
• 55 cm Gummiband, 2 cm breit

## Zuschneiden

Geben Sie an der Oberkante 2 cm Nahtzugabe, an der Saumkante 2,5 cm und an allen anderen Kanten 1 cm Nahtzugabe hinzu. Schneiden Sie die Teile so zu, wie auf dem Zuschneideplan zu sehen.

**Baumwolljersey:**

• 2-mal Schnittteil 42 (Bein)

**Gummiband:**

• 1 Stück à 45/47/49 cm (besser noch: Messen Sie den Taillenumfang des Kindes, ziehen Sie von diesem Maß 4 cm ab und schneiden Sie das Gummiband entsprechend zu.)

1

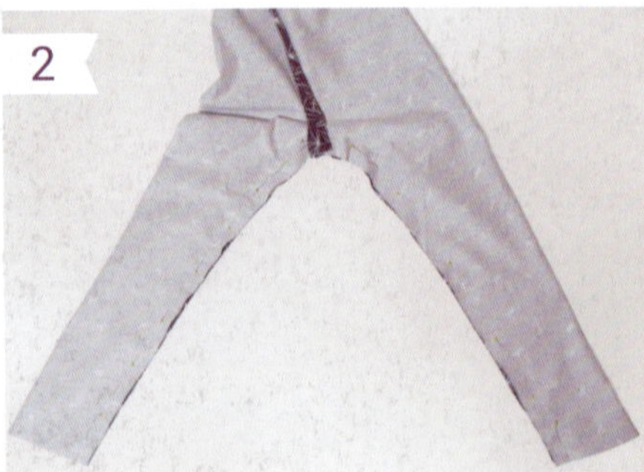

2

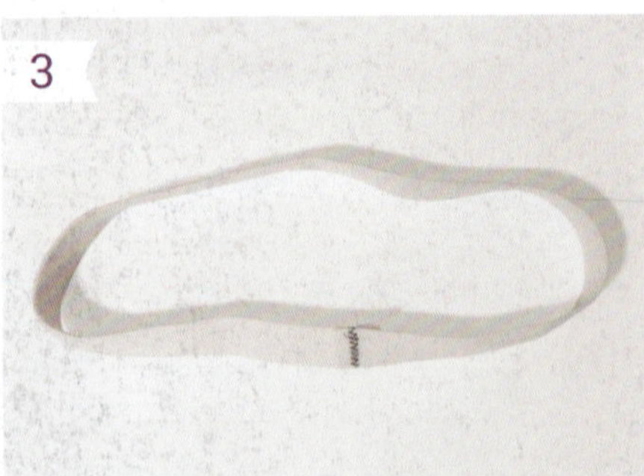

3

4

# Nähen

**Hinweis:** Alle Nähte müssen mit einem elastischen Stich genäht werden (z.B. mit einem schmalen Zickzackstich: Stichlänge 3, Stichbreite 1). Verwenden Sie eine Jerseynadel.

1 Legen Sie die Zuschnitte für die Leggings rechts auf rechts aufeinander. Stecken Sie die vordere und hintere Schrittnaht und nähen Sie diese zusammen. 1

2 Falten Sie die Leggings nun so, dass hintere und vordere Schrittnaht im Schritt bündig aufeinanderliegen. Die Innenbeinnaht mit Stecknadeln fixieren, dann nähen. 2

3 Legen Sie das Gummiband zum Ring, sodass sich die Enden 1 cm breit überlappen. Nähen Sie die Enden mit Zickzackstichen zusammen. 3

4 Markieren Sie mit Stecknadeln am Gummiband und an der Oberkante der Leggings jeweils 1 Viertel der Weite, wie bei einem normalen Bündchen, siehe Seite 106.

5 Stecken Sie das Gummiband auf die linke Seite der Leggings, die Oberkante des Gummibands und die Oberkante der Leggings liegen dabei bündig aufeinander. 4

6 Nähen Sie das Gummiband mittig mit einem breiten Zickzack- oder Mehrfachzickzackstich fest. Dehnen Sie dabei das Gummiband, sodass es glatt auf dem Jersey liegt.

5

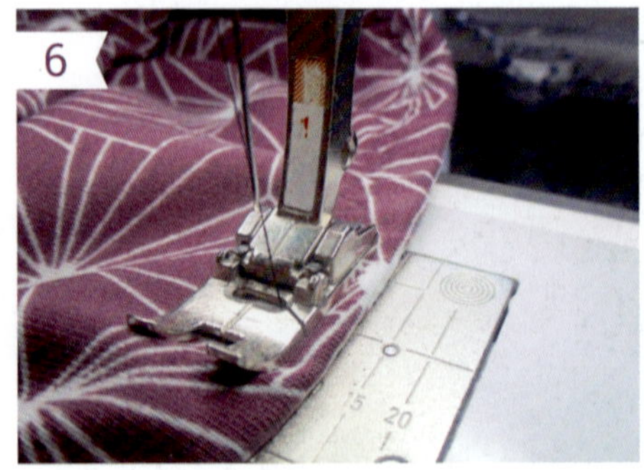

6

7 Klappen Sie die Oberkante mit dem Gummiband zur linken Seite um und nähen Sie den Umschlag – ebenfalls gedehnt – mit Zickzackstichen fest. 5 + 6

8 Nähen Sie die Hosenbeinsäume, wie auf Seite 108 beschrieben.

# Leggings

Schwierigkeit: ✪✪✪✪ • Schnittteile 43 und 44 auf Bogen C

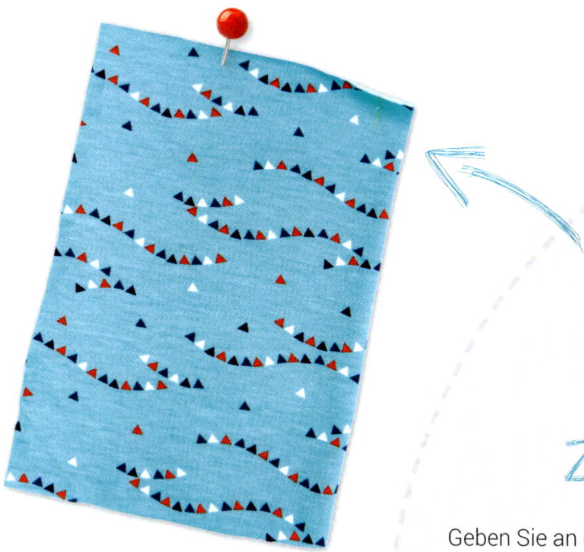

## Material

- 70/75/75 cm Baumwolljersey in Türkis mit geometrischen Motiven, 140 cm breit
- 55 cm Gummiband, 2 cm breit

## Zuschneiden

Geben Sie an der Oberkante 2 cm Nahtzugabe, an der Saumkante 2,5 cm und an allen anderen Kanten 1 cm Nahtzugabe hinzu. Schneiden Sie die Teile so zu, wie auf dem Zuschneideplan zu sehen.

**Baumwolljersey:**

- 2-mal Schnittteil 43 (Bein)
- 2-mal Schnittteil 44 in der entsprechenden Größe (Volant)

**Gummiband:**

- 1 Stück à 45/47/49 cm (besser noch: Messen Sie den Taillenumfang des Kindes, ziehen Sie von diesem Maß 4 cm ab und schneiden Sie das Gummiband entsprechend zu.)

# Nähen

**Hinweis:** Alle Nähte müssen mit einem elastischen Stich genäht werden (z. B. mit einem schmalen Zickzackstich: Stichlänge 3, Stichbreite 1). Verwenden Sie eine Jerseynadel.

1 Legen Sie die Zuschnitte für die Leggings rechts auf rechts aufeinander. Stecken Sie die vordere und hintere Schrittnaht und nähen Sie diese zusammen, siehe Seite 98.

2 Falten Sie die Leggings nun so, dass hintere und vordere Schrittnaht im Schritt bündig aufeinanderliegen. Die Innenbeinnaht mit Stecknadeln fixieren, dann nähen.

3 Legen Sie das Gummiband zum Ring, sodass sich die Enden 1 cm breit überlappen. Nähen Sie die Enden mit Zickzackstichen zusammen.

4 Markieren Sie mit Stecknadeln am Gummiband und an der Oberkante der Leggings jeweils 1 Viertel der Weite, wie bei einem normalen Bündchen, siehe Seite 106.

5 Stecken Sie das Gummiband auf die linke Seite der Leggings, die Oberkante des Gummibands und die Oberkante der Leggings liegen dabei bündig aufeinander.

6 Nähen Sie das Gummiband mittig mit einem breiten Zickzack- oder Mehrfachzickzackstich fest. Dehnen Sie dabei das Gummiband, sodass es glatt auf dem Jersey liegt.

7 Klappen Sie die Oberkante mit dem Gummiband zur linken Seite um und nähen Sie den Umschlag – ebenfalls gedehnt - mit Zickzackstichen fest.

8 Bügeln Sie die Außenkante der Volants ringsum 1 cm breit zur linken Seite um. 1

9 Nähen Sie von der rechten Seite aus an der gebügelten Kante entlang mit einem kleinen, engen Zickzackstich (Stichlänge 2 Stichbreite 2) und dehnen Sie die Kante dabei leicht, um einen Welleneffekt zu erhalten. 2

10 Schneiden Sie an den Volants jeweils die Nahtzugabe bis dicht an die Zickzacknaht zurück.

11 Ziehen Sie die Volants jeweils rechts auf rechts über ein Hosenbein und nähen Sie sie ringsum fest. 3

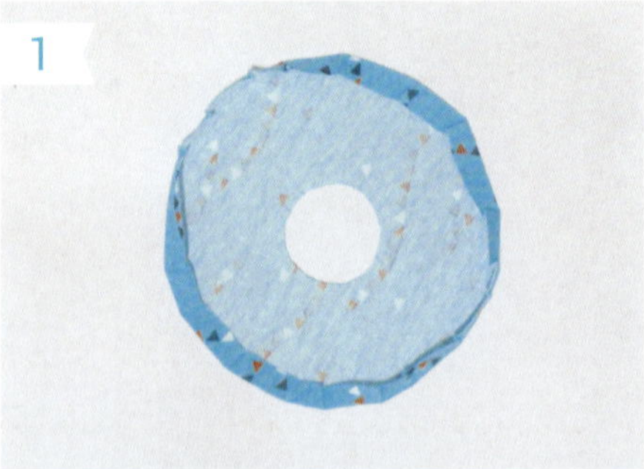

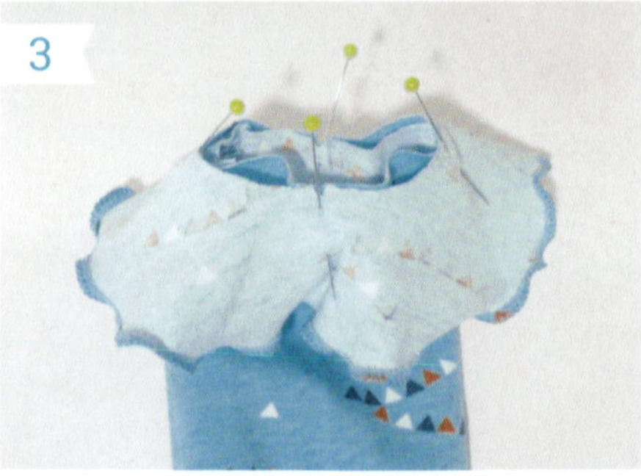

# Grundbegriffe des Nähens

**Bügeleinlage**
Vlieseinlagen zum Aufbügeln geben dem Stoff die gewünschte Stabilität. Sie werden jeweils mit der beschichteten (rauen) Klebeseite nach unten auf die linke Stoffseite gelegt. Legen Sie zur Sicherheit ein Bügeltuch oder Backpapier darüber. Wischen Sie beim Bügeln nicht hin und her, sondern bügeln Sie mit leichtem Druck punktuell, bis die Einlage überall gut klebt. Achten Sie darauf, dass die Temperatur des Bügeleisens für den Stoff geeignet ist. Lassen Sie die Stücke anschließend gut auskühlen.

**Bügeln**
Vor Beginn der Näharbeiten und zwischen den einzelnen Arbeitsschritten die Stoffe stets bügeln. Vorsicht bei synthetischen oder empfindlichen Qualitäten, diese sicherheitshalber mit einem sauberen Baumwolltuch abdecken. Um Wiederholungen zu vermeiden, wird in den Anleitungen auf das Bügeln nicht immer wieder hingewiesen.

**Elastischer Geradstich**
Bei den meisten Nähmaschinen gibt es einen elastischen Geradstich, dieser ist ein dreifacher Geradstich. Er eignet sich besonders gut für Säume und das Umnähen von Einfassstreifen.
Mit der Zwillingsnadel haben Sie eine weitere Möglichkeit, einen elastischen Geradstich zu nähen. Hierfür werden zwei Garnrollen für den Oberfaden benötigt. Diese werden parallel eingefädelt, bitte lesen Sie Genaueres hierzu in der Gebrauchsanweisung Ihrer Nähmaschine nach. Die Zwillingsnadel ist ebenfalls sehr gut geeignet für Säume und das Umnähen von Einfassstreifen, sie eignet sich jedoch nicht für gewöhnliche Nähte.

**Fadenlauf**
Bei allen Stoffen verläuft der Fadenlauf parallel zur Stoffballenkante. Bei Strickware müsste man diese Laufrichtung korrekterweise Maschenlauf nennen, hier im Buch steht aber die Bezeichnung Fadenlauf für beides: Faden- und Maschenlauf. Beim Zuschnitt legen Sie den im Schnittmuster eingezeichneten Fadenlauf parallel zur Stoffkante.

**Fadenspannung**
Die Fadenspannung der Nähmaschine muss je nach Stoffart reguliert werden. Andernfalls können Schlaufen im Unter- und/oder Oberfaden entstehen. Am besten immer erst eine Probenaht nähen.

**Geradstich**
Der Geradstich ist der grundlegende Nutzstich beim Nähmaschinennähen. Das Nähen mit dem Geradstich heißt auch „Steppen“. Die Stichlänge ist variabel einstellbar. Je länger der Stich, desto lockerer fällt die Naht aus.

**Heften und Stecken**
Fixieren Sie Stoffteile vor dem Nähen stets mit Nadeln oder Stoffklammern bzw. heften Sie von Hand. Auf diese Weise wird verhindert, dass die Stoffteile beim Nähen verrutschen oder ungewollte Falten werfen. In den Anleitungen wird nicht jedes Mal auf das Heften oder Stecken hingewiesen.

**Jerseynadel**
Verwenden Sie beim Verarbeiten von Jersey- oder Sweatstoffen immer eine Jerseynadel. Diese hat eine abgerundete Spitze, die verhindert, dass beim Einstechen die Fasern verletzt werden und Laufmaschen entstehen.

**Nahtzugabe**
Wird ein Stoff zu nah an der Kante genäht, reißen Stoff und Naht leicht ein. Deshalb wird beim Zuschnitt meist eine Nahtzugabe hinzugerechnet; bei den hier gezeigten Modellen beträgt diese 1 cm, wenn nicht anders angegeben.

**Wichtig:** Für die Schnittteile sind die Nahtzugaben, die zugegeben werden müssen, unter „Zuschneiden“ angeführt. Bei allen bemaßten Teilen ist die Nahtzugabe bereits enthalten.

**Rechte und linke Stoffseite**
Jeder Stoff hat eine rechte und eine linke Stoffseite. Die rechte Seite entspricht der Schauseite, also der Außenseite des Stoffes. Bei Druckstoffen ist diese recht einfach zu erkennen, da hier das Muster deutlicher ist. Wenn es also heißt „die Stoffteile rechts auf rechts legen“, zeigen die rechten Schauseiten nach innen und die linken Seiten nach außen. Heißt es hingegen „links auf links“, zeigen die rechten Seiten nach außen und die linken Seiten nach innen.

## Schnittmuster

Die originalgroßen Vorlagen finden Sie auf den Schnittmusterbogen. Am besten pausen Sie diese immer auf Seidenpapier, Transparentpapier oder Schnittmusterfolie ab. Dabei ggf. die Markierungen mit übertragen. Möchten Sie halb gezeichnete Schnittmuster komplett abpausen, falten Sie ein entsprechend großes Papier zur Hälfte. Legen Sie den Falz an den eingezeichneten Stoffbruch, zeichnen Sie die Vorlage ab und schneiden Sie sie aus dem noch gefalteten Papier aus. Für Bündchen usw. werden Streifen benötigt, deren Maße bei den einzelnen Anleitungen unter „Zuschneiden" aufgeführt sind.

## Stoffbruch

Bei einer gefalteten Stofflage entsteht eine Faltkante, die als Stoffbruch oder Bruchkante bezeichnet wird. An einem Schnittteil bezeichnet der Stoffbruch in der Regel die Mitte des Teils. Der Stoffbruch ist bei den Schnittteilen dieses Buches entsprechend beschriftet. Diese Kante des Schnittteils wird dann beim Zuschneiden ohne Nahtzugabe genau auf die gefaltete Stoffkante gelegt. An dieser Stelle entsteht keine Naht, der Stoff wird hier nicht auseinandergeschnitten!

## Zickzackstich

Ein wichtiger Nutzstich beim Nähmaschinennähen ist der Zickzackstich. Er wird u. a. zum Versäubern der Schnittkanten bei ausfransenden Stoffen verwendet. Stichbreite und Stichlänge lassen sich verändern. Zickzackstiche sind auch elastisch und können deshalb zum Nähen von elastischen Stoffen wie Jersey verwendet werden.

### Grundmaterial

- Nähmaschine
- Passendes Nähgarn
- Nähnadeln
- Stecknadeln
- Evtl. Stoffklammern
- Kleine Stickschere
- Schnittmusterpapier
- Bleistift
- Schneiderkreide
- Stoffschere
- Nahttrenner
- Maßband
- Bügeleisen

**Hinweis:** Diese Grundmaterialien werden vorausgesetzt und sind in den Anleitungen nicht gesondert aufgeführt.

# Grundtechniken des Nähens

## 1 Markierungen vom Schnittmuster auf den Stoff übertragen

Die Markierungen auf den Schnittmustern können Sie mit verschiedenen Hilfsmitteln auf den Stoff übertragen. Markierungen, die mitten auf dem Schnittteil liegen, lassen sich am einfachsten mit Kreidepapier (auch als Kopierpapier im Handel erhältlich) übertragen. Dieses wird mit der Kreideseite nach oben auf eine harte Unterlage gelegt, das zugeschnittene Stück mit samt dem Schnittmuster darauf platzieren. Nun die gewünschten Linien mit dem Kopierrädchen nachfahren. Probieren Sie dies bei empfindlichen Stoffen immer zuerst an einem Stoffrest aus!

Markierungen an den Rändern können Sie mit Schneiderkreide oder Kreidestift anbringen. Alternativ können Sie auch kleine Knipse mit der Schere in die Nahtzugabe schneiden, aber bitte nur wenige Millimeter tief!

## 2 Nähte sichern/verriegeln

Eine Nähmaschinennaht muss am Anfang und Ende vernäht, also „verriegelt" werden, sonst löst sie sich auf. Am Nahtbeginn rückwärts- und anschließend wieder vorwärts nähen 2. Am Nahtende gegengleich verfahren.

## 3 Verstürzte Naht: Rundungen

Bei Rundungen die Nahtzugaben vor dem Wenden in kleinen Abständen bis ca. 1 mm vor die Naht einschneiden 3. Nur so liegt die Kante nach dem Verstürzen schön flach, da sich die Mehrweite der Nahtzugaben etwas übereinanderschieben kann.

## 4 Einfassstreifen aus Jersey

Platzieren Sie den Einfassstreifen rechts auf rechts kantenbündig auf dem einzufassenden Stück. Fixieren Sie nun den Streifen mit Stecknadeln oder Klammern entlang der Kante, dehnen Sie dabei den Streifen ganz leicht. (Geübte Näherinnen benötigen keine Stecknadeln oder Stoffklammern und können den Streifen direkt beim Nähen leicht gedehnt auf den Stoff legen.)

Nähen Sie nun füßchenbreit parallel zur Kante und dehnen Sie das Nähgut dabei ganz leicht, sodass beide Teile glatt aufeinanderliegen 4a.

Hier ist die Naht von der rechten Seite zu sehen 4b. (Ggf. den restlichen Einfassstreifen nun abschneiden und für weitere Einfassungen verwenden.)

Bügeln Sie den Streifen eventuell. Klappen Sie ihn um die Kante herum und fixieren Sie ihn mit Stecknadeln von der rechten Seite aus 4c.

Nähen Sie ihn dann mit der Zwillingsnadel, mit einem elastischen Geradstich oder Zickzackstichen fest 4d.

## 5 Bündchen

Falten Sie das Bündchen in der Längsrichtung links auf links und bügeln Sie einen Bruch ein 5a. Falten Sie das Bündchen wieder auf und dann der Breite nach rechts auf rechts. Nähen Sie die kurzen Kanten aneinander 5b. Bügeln Sie die Nahtzugaben auseinander und falten Sie das Bündchen nun wieder in Längsrichtung links auf links, entsprechend dem eingebügelten Bruch. Markieren Sie die Viertel am Bündchen 5c und an dem Teil, an das es angesetzt werden soll, wie folgt: Die Teile jeweils zweimal zur Hälfte falten (vierteln), die Bruchkanten mit Stecknadeln markieren und wieder auffalten 5d. Stecken Sie beide Teile so aufeinander, dass die Stecknadeln genau aufeinandertreffen 5e. Beim Nähen müssen Sie das Nähgut etwas dehnen, sodass beide Teile glatt aufeinanderliegen 5f. Verwenden Sie einen elastischen Stich.

2
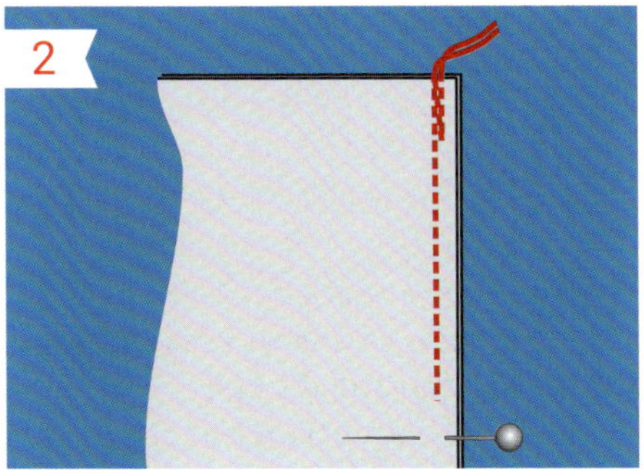

3
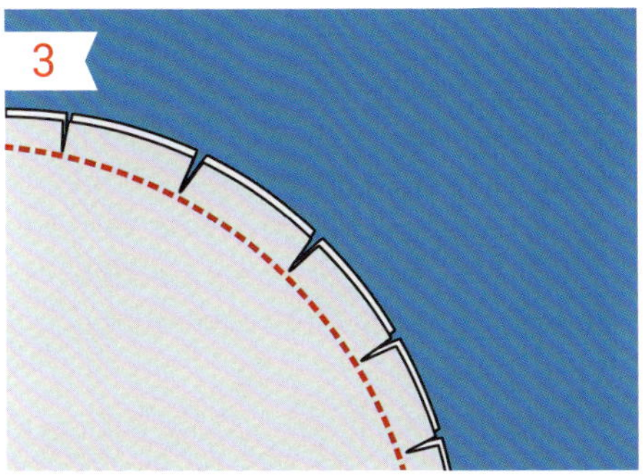

4a
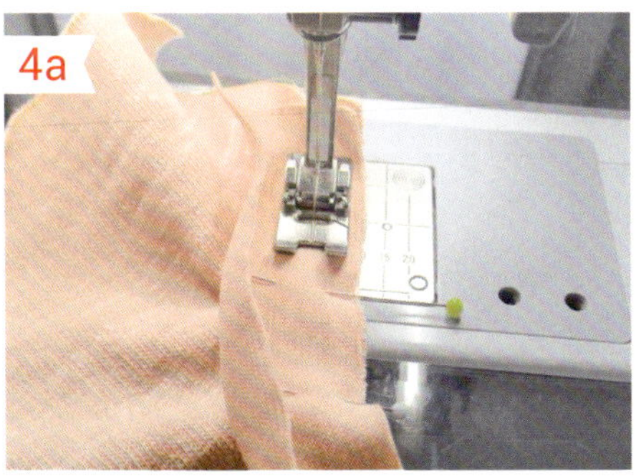

4b

4c
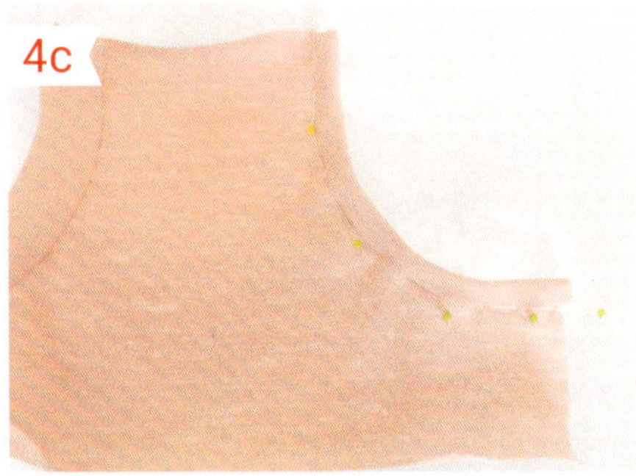

4d

5a

5b

5c
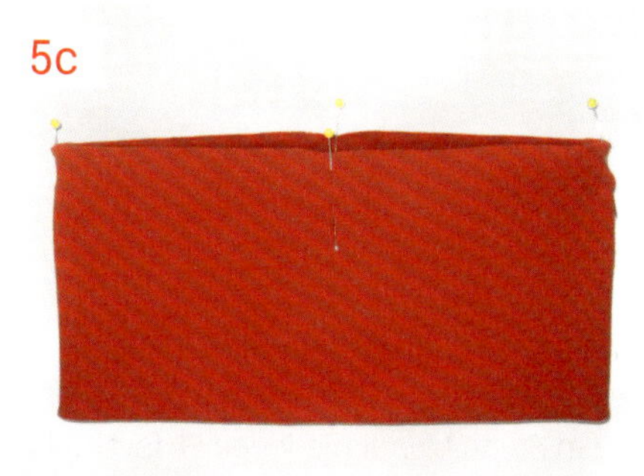

5d
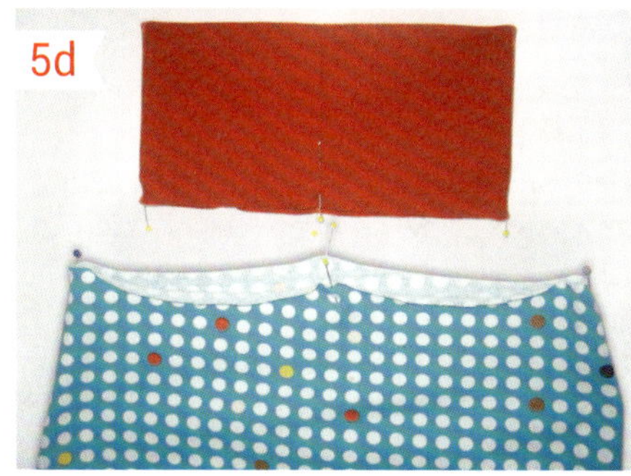

5e

5f

### 6 Bündchen mit innenliegendem Gummiband

Legen Sie das Gummiband zum Ring, sodass die Enden sich 1 cm breit überlappen und nähen Sie diese mit Zickzackstichen zusammen 6a. Gehen Sie nun genauso vor wie beim normalen Bündchen. Bevor Sie das Bündchen an das andere Teil stecken, schieben Sie nur zusätzlich das Gummiband in das gefaltete Bündchen 6b. Achten Sie darauf, dass Sie das Gummiband beim Annähen des Bündchens nicht mitfassen.

### 7 Einkräuseln

Zum Einkräuseln zweimal parallel zu der einzukräuselnden Kante in der größten Sticheinstellung entlangnähen: einmal mit 0,5 cm, einmal mit 2 cm Abstand zur Kante – 7a. Die Nahtenden nicht abschneiden! An den Garnenden ziehen und so den Stoff auf die gewünschte Länge einkräuseln – 7b.

### 8 Kante mit eingezogenem Gummiband

Falten Sie die Kante in Breite der Zugabe zur linken Seite um und bügeln Sie einen Bruch ein 8a. Falten Sie die Kante nochmals auf, falten dann die Schnittkante 1 cm breit nach links um und bügeln Sie einen weiteren Bruch ein. Stecken Sie den Umschlag fest und nähen ihn knappkantig mit Geradstich von der rechten Seite her fest. Lassen Sie einige Zentimeter offen 8b.
Ziehen Sie mithilfe einer Sicherheitsnadel das Gummiband durch den entstandenen Tunnel. Achten Sie darauf, dass sich das Gummiband nicht verdreht und das Ende des Gummibands nicht in den Tunnel rutscht 8c. Lassen Sie die Enden des Gummibands 1 cm überlappen und nähen Sie sie mit Zickzackstichen zusammen.

### 9 Saumkanten: Jersey und Sweatstoff

Falten Sie die Saumkante (hier meist 2,5 cm) in Breite der Zugabe zur linken Seite um und bügeln Sie einen Bruch ein (siehe Abb. 8a). Stecken Sie den Saum von rechts mit Stecknadeln fest. Nähen Sie den Saum von rechts mit einem elastischen Geradstich fest, z. B. mit der Zwillingsnadel. Bei einer Saumzugabe von 2,5 cm nähen Sie im Abstand von 2 cm zur Kante 9.

### 10 Saumkanten: Webstoffe

Falten Sie die Saumkante in der halben Breite der Zugabe zur linken Seite um und bügeln Sie einen Bruch ein. Falten Sie nochmals in der halben Breite der Nahtzugabe zur linken Seite um und bügeln Sie erneut, die offene Kante liegt nun innen 10a. Nähen Sie den Saum knappkantig mit Geradstich fest 10b.

### 11 Ärmel einnähen

Breiten Sie das Oberteil mit der zusammengenähten Schulternaht aus, die rechte Seite zeigt nach oben. Platzieren Sie den Ärmel rechts auf rechts mittig darauf, sodass die Mittelmarkierung des Ärmels auf die Schulternaht trifft. Mit einer Stecknadel oder Stoffklammer fixieren 11a. Fixieren Sie nun die Außenkanten des Ärmels bündig an den Außenkanten des Armausschnitts 11b. Dann fixieren Sie den Rest der Armkugel gleichmäßig am Armausschnitt 11c. Nähen Sie alles entlang des Armausschnitts zusammen.

### 12 Seiten- und Ärmelnähte schließen

Falten Sie das Oberteil entlang der Schulternähte rechts auf rechts. Legen Sie die Seitenkanten der Ärmel bündig aufeinander und fixieren Sie sie mit Stecknadeln oder Stoffklammern. Stecken oder klammern Sie ebenfalls die Seitenkanten von Vorder- und Rückenteil zusammen. Nähen Sie die Ärmel- und Seitennaht jeweils fortlaufend in einem Arbeitsgang zusammen 12.

7a

7b

8a

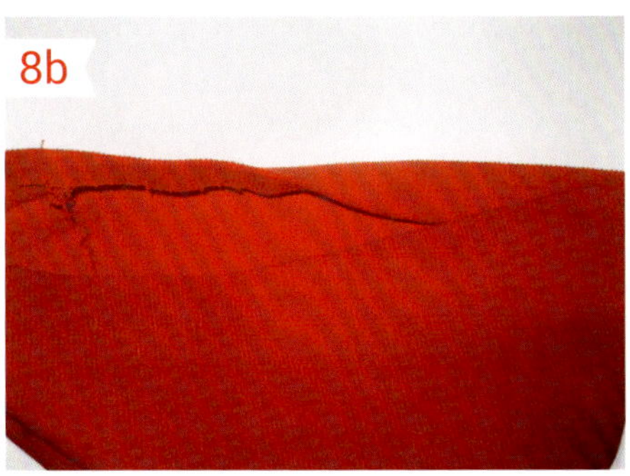
8b

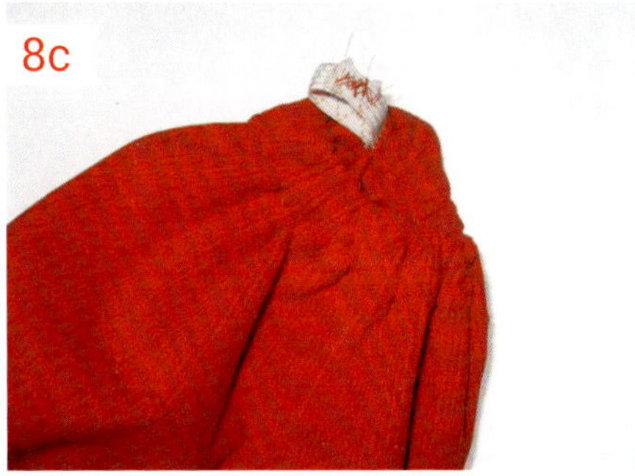
8c

9

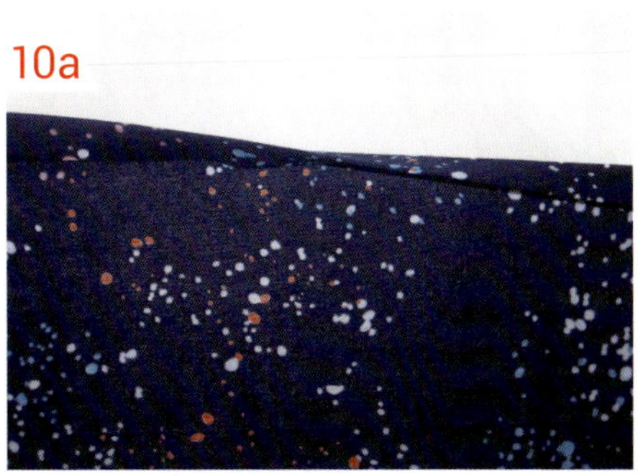
10a

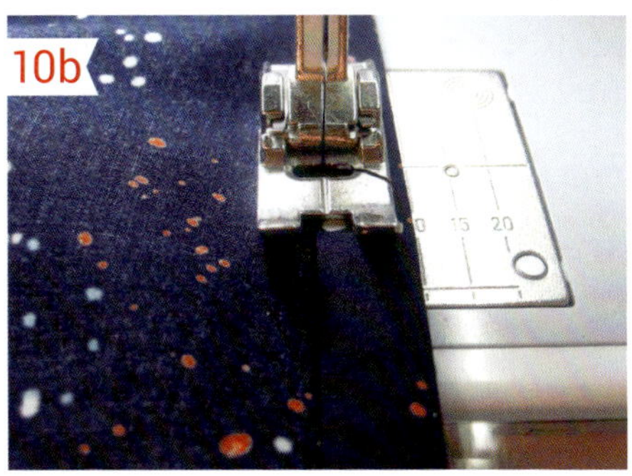
10b

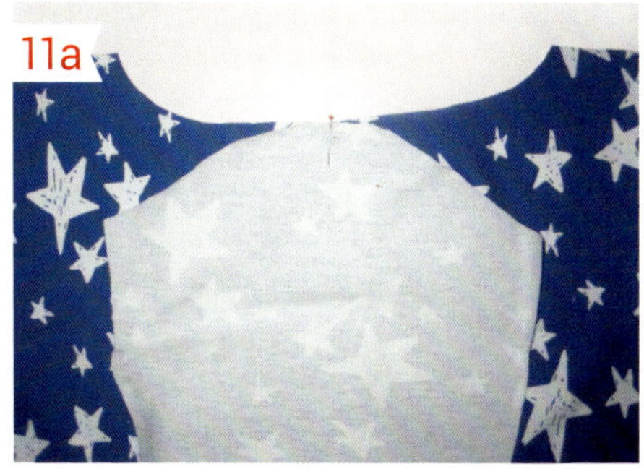
11a

11b

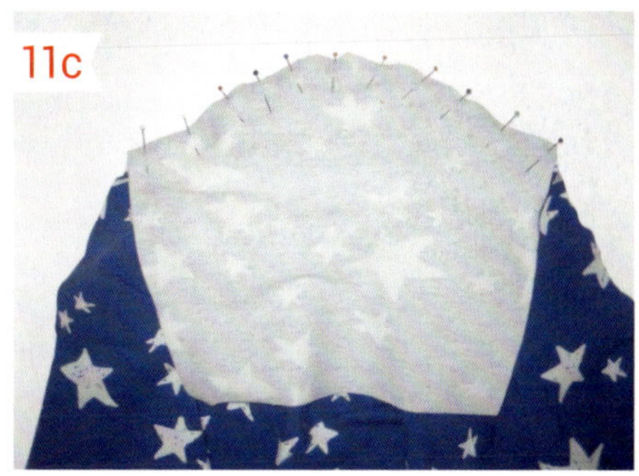
11c

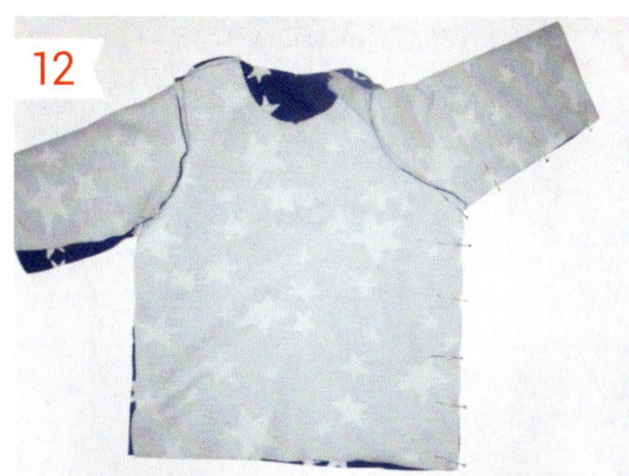
12

## Impressum

**Konzept und Idee:** Cecilia Hanselmann, Anna Fischer
**Entwürfe und Realisation:** Cecilia Hanselmann
**Redaktion:** Jasmin Radel
**Lektorat:** Beate Schmitz
**Fotos & Styling:** Florian Bilger Fotodesign
**Arbeitsfotos:** Cecilia Hanselmann
**Schnittzeichnungen:** Cecilia Hanselmann, Beate Schmitz
**Gesamtgestaltung und Satz:** GrafikwerkFreiburg
**Reproduktion:** RTK & SRS mediagroup GmbH
**Druck und Verarbeitung:** Neografia, Slowakei

ISBN 978-3-8410-6416-5
Art.-Nr. 6416



jolijou
www.jolijou.com

Die im Buch gezeigten Plottermotive sind hier erhältlich:
bit.ly/oz6416

## Hersteller

- Adlico Textile ApS, Ikast, Dänemark
  www.adlico.dk
- Alles für Selbermacher, Hamburg
  www.alles-fuer-selbermacher.de
- Stoffekontor, Leipzig
  www.stoffekontor.de
- Buttinette Textil-Versandhaus GmbH, Wertingen
  www.buttinette.de
- fabfab GmbH, Schenefeld
  www.stoffe.de
- Gütermann AG, Gutach
  www.guetermann.com
- Kurt Frowein GmbH & Co. KG, Wuppertal
  www.kurt-frowein.de
- Modes4u Group Ltd., Hong Kong, China
  www.kawaiifabric.com
- Nosh Company Oy, Hämeenlinna, Finland
  www.nosh.fi
- Snaply GmbH, Au in der Hallertau
  www.snaply.de
- Stoffe Brünink & Hemmers GmbH, Nordhorn
  www.stoffehemmers.de
- Stoff und Stil Deutschland GmbH, Halstenbeck
  www.stoffundstil.de
- Tyglycka, Alunda, Schweden
  www.tyglycka.se

### Kreativ-Service

Sie haben Fragen zu den Büchern und Materialien? Frau Erika Noll ist für Sie da und berät Sie rund um alle Kreativthemen. Rufen Sie an! Wir interessieren uns auch für Ihre eigenen Ideen und Anregungen. Sie erreichen Frau Noll per E-Mail: **mail@kreativ-service.info** oder Tel.: **+49 (0) 5052 / 91 18 58**

Besuchen Sie uns im Internet: www.christophorus-verlag.de